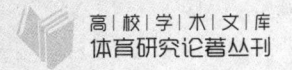

学校篮球运动理论与发展体系研究

王建永 著

图书在版编目(CIP)数据

学校篮球运动理论与发展体系研究 / 王建永著.
—北京：中国书籍出版社，2017.8
ISBN 978-7-5068-6409-1

Ⅰ.①学… Ⅱ.①王… Ⅲ.①篮球运动－体育教学－教学研究 Ⅳ.①G841.2

中国版本图书馆 CIP 数据核字(2017)第 206778 号

学校篮球运动理论与发展体系研究

王建永 著

丛书策划	谭 鹏 武 斌
责任编辑	张 文
责任印制	孙马飞 马 芝
封面设计	崔 蕾
出版发行	中国书籍出版社
地　　址	北京市丰台区三路居路 97 号（邮编：100073）
电　　话	(010)52257143(总编室)　(010)52257140(发行部)
电子邮箱	chinabp@vip.sina.com
经　　销	全国新华书店
印　　刷	三河市铭浩彩色印装有限公司
开　　本	710 毫米×1000 毫米　1/16
印　　张	15.5
字　　数	201 千字
版　　次	2019 年 6 月第 1 版　2019 年 6 月第 1 次印刷
书　　号	ISBN 978-7-5068-6409-1
定　　价	59.00 元

版权所有　翻印必究

目 录

第一章 篮球运动概述 ... 1
- 第一节 篮球运动的由来与演进 ... 1
- 第二节 篮球运动的特点及功能 ... 6
- 第三节 我国篮球运动的发展概况 ... 11
- 第四节 我国大学生篮球运动的发展概况 ... 13

第二章 学校篮球运动教学与训练的发展现状 ... 21
- 第一节 学校篮球运动教学发展现状 ... 21
- 第二节 学校篮球运动训练发展现状 ... 41
- 第三节 影响学校篮球运动教学与训练发展的因素 ... 51

第三章 学校篮球运动教学的基本理论 ... 55
- 第一节 学校篮球教学的任务与内容 ... 55
- 第二节 学校篮球教学文件的制订 ... 57
- 第三节 学校篮球教学课的组织与实施 ... 63
- 第四节 学校篮球教学课的实践指导 ... 70
- 第五节 现代篮球教学理念的应用 ... 84

第四章 学校篮球运动教学模式的创新构建 ... 88
- 第一节 当前学校主流体育教学模式概述及存在的问题 ... 88
- 第二节 体育教学模式的组合结构及构成要素 ... 96
- 第三节 多样化反馈篮球教学模式的创新构建 ... 98

第四节 "课内外一体化"篮球俱乐部教学模式的创新构建 …… 103

第五章 学校篮球运动训练的基本理论 …… 117
第一节 学校篮球运动负荷的基本要素与特征 …… 117
第二节 学校篮球运动训练负荷的合理安排 …… 121
第三节 学校篮球运动训练计划的制订 …… 133
第四节 学校篮球运动训练效果的考评 …… 145

第六章 学校篮球运动训练理念及其构建 …… 150
第一节 学校篮球运动训练理念的基本结构 …… 150
第二节 学校篮球运动训练在理念方面存在的问题 …… 158
第三节 学校篮球运动训练理念的构建和完善 …… 163

第七章 篮球运动技术教学与训练体系的创新发展 …… 171
第一节 篮球运动技术教学与训练概述 …… 171
第二节 脚步移动技术教学与训练方法创新设计 …… 179
第三节 传接球技术教学与训练方法创新设计 …… 186
第四节 运球技术教学与训练方法创新设计 …… 191
第五节 突破技术教学与训练方法创新设计 …… 196
第六节 投篮技术教学与训练方法创新设计 …… 200

第八章 篮球运动战术教学与训练体系的创新发展 …… 206
第一节 篮球运动战术教学与训练概述 …… 206
第二节 基础配合战术教学与训练方法创新设计 …… 215
第三节 快攻与防快攻战术教学与训练方法创新设计 …… 224
第四节 进攻半场及半场人盯人防守教学与训练方法创新设计 …… 228
第五节 进攻区域及区域联防教学与训练方法创新设计 …… 233

参考文献 …… 239

第一章 篮球运动概述

要想对学校篮球运动的理论与发展进行研究,首先应该对篮球运动从产生到发展的大致情况有一个基本的了解。本章将首先对篮球运动的由来与演进、特点与功能进行阐述,然后分别对我国篮球运动的发展以及大学生篮球运动的发展进行具体分析。

第一节 篮球运动的由来与演进

一、篮球运动的由来

1891年,近代篮球运动起源于美国东部地区的马萨诸塞州,最初是由该州的斯普林·菲尔德尔市基督教青年会学校教师奈史密斯博士设计发明的(图1-1)。当时,由于受到特大暴风雪天气的影响,使得当时在美国最为流行的棒球运动不能正常开展,而广大学生对于其他的运动形式也没有太大的兴趣,从而使得到学校学习与活动的人越来越少。为了改变这种情况,奈史密斯博士在青年会的委托下亲自设计了这种新型的运动项目。奈史密斯博士从当地农民摘桃的劳动中获得灵感,同时还借鉴了其他运动项目形式,篮球运动最终产生。由于篮球运动不会受到天气、时间这些因素的制约,而且对于场地的要求也较为宽松,能够在白天、黑夜任何时间开展。同时,篮球运动不仅具有运动的对抗性,而且还要求文明,因此受到了广大群体特别是年轻人的认可与参与。1891年12月25日圣诞节,奈史密斯博士亲自主持了近代篮球运动史上的第一场篮球比赛。

图 1-1

在篮球运动发明之初,其比赛的规则非常简单,比赛场地要求为南北向,对于场地的面积大小、参与者的数量以及比赛的时间等都没有明确的规定,只是要求把比赛的队员分成人数相等的两方。比赛所用的球篮以装桃子的筐来充当,将其悬挂在离地面10英尺的墙上,每次进球后还需要登梯将球从篮筐中取出。大致的比赛方法为:双方运动员分别站在本方场地的端线之外,裁判员站在场地的中线上将球抛向场内,然后双方队员同时冲进场地争抢球权,进行把球投入对方筐内的攻守对抗。每次投球入筐之后,再按此程序重新开始直到比赛结束。比赛最终的胜负由双方进球数的多少来决定,每投进一球得一分,如果进球数量相等,经过双方同意,比赛可延至谁先投进一球为止。

篮球运动本身有着非常好的游戏性与趣味性,而且具有一定的健身功能。在后来的发展过程中,篮球运动在游戏的基础上不断充实着活动的内容,相应的竞赛规则也在不断细化与完善,从而逐渐形成了现代篮球这项运动。

二、篮球运动的演进

现代篮球运动由游戏演进为竞技篮球运动是经过一个漫长

的实践过程的,它经历了多个不同的发展阶段。如果以其活动的方法与规则完善的过程划分,现代篮球运动的发展大体划分为五个时期。

(一)初创时期

19世纪90年代至20世纪20年代是篮球运动的初创时期。自1891年篮球运动产生之后逐渐成为一种地域性的民间娱乐活动,篮球运动以其自身充满对抗性、娱乐性的特点吸引了越来越多的爱好者参与其中,群众基础日益广泛。在此时期,篮球运动开始从学校逐渐扩散到广大社会之中,而且日益国际化。篮球运动于1892年传入墨西哥,1893年传入法国,1895年传入中国和英国,1896年传入巴西,1897年传入捷克,1901年传入日本和伊朗,1905年传入俄国与古巴,1907年传入意大利,1908年传入波兰与瑞士,1911年传入秘鲁,并逐渐在全球范围内广泛传播开来。

这一时期的篮球技术表现为攻守技术简单,只有一些篮球的基本动作。在战术方面,这一时期还没有形成较为成熟的全队配合战术,单兵作战是这一时期的主要对抗形式,球员也有了相应的位置分工,并处于不同的区域。进攻的方式主要以快攻以及简单传切、掩护为主,防守主要表现为区域的人盯人防守。

(二)发展时期

20世纪30至40年代是篮球运动的完善时期。1932年6月18日,在瑞士日内瓦成立了国际业余篮球联合会(简称国际篮联),总部设在意大利的罗马。当时加入国际业余篮球联合会的国家共有8个,但是该会议作为一个国际性的权威机构对各国的篮球运动做出了协调与统一的工作,这也是国际业余篮球联合会成立的主要任务。国际业余篮球联合会致力于将男子篮球项目推荐成为奥运会的正式比赛项目,并于1936年在德国所举行的那届奥运会上被列为正式的比赛项目,现代竞技篮球运动也由此而正式诞生。

在此时期,篮球运动在技术方面的发展主要表现为:出现了单手传接球、投篮技术以及行进间双手交替运球技术,简单的组合战术开始出现,手部与脚步的动作衔接较之以往更为迅速。在战术方面,篮球运动的进攻更加强调团队战术的运用配合,以往的单人进攻方式不断减少。防守时的集体性增强,并开始采用区域联防以及人盯人的防守战术。

(三)成熟时期

20世纪50至60年代是篮球运动发展的成熟时期。在20世纪50年代之后,现代篮球竞赛中的胜负主要是由球员的高度决定的。在这种发展背景下,运用高大中锋强攻篮下的战术打法非常流行,篮球运动也开始了一个向体型"高大化"发展的时期。20世纪60年代末,篮球运动逐渐形成以美国篮球为代表的高度、速度、技巧相结合的战术打法,同时还有高度、力量相配合的欧洲打法,篮球运动也由此开始步入发展的成熟阶段。

在篮球的技术方面,球员更加注重高度、速度、力量与技巧的有机结合,从而使球员的技术不断全面。在篮球的战术方面,进攻中多采用快攻、传切、突分并利用高大中锋强攻和在阵地进攻中组织策应配合,全场紧逼、人盯人防守以及混合防守的战术在不断地应用。

(四)完善时期

20世纪70至80年代是篮球运动发展的完善时期。在20世纪70年代之后,篮球场上出现了更多身高2米以上的球员,这就使得空间方面的争夺更为激烈,高度与速度之间的矛盾更为突出。1973—1978年间,篮球的规则又出现了多次调整,从而使攻防技战术在新条件的约束下,兼顾高度与速度发展的同时,不断地向灵巧、准确以及多变的方向发展。20世纪80年代,这种情况更加突出,这也使得篮球运动逐渐进入了一个全面提升的完善时期。

在技术特点方面,球员的技术全面提高,进攻中的对抗、高空等技术不断技巧化,个人的能力不断增强,防守技术也更具威胁。在战术方面,单一固定的进攻逐渐转变为综合移动的进攻战术,防守更具攻击性、破坏性以及集体性。

(五)飞跃时期

从20世纪90年代到现在是篮球运动发展的飞跃时期。1992年,国际奥委会允许职业篮球运动员参加奥运会篮球比赛、世界篮球锦标赛以及洲际以上国际篮球比赛,篮球运动也从此开始了一个新的发展里程,也表现出大众篮球的发展趋势,职业篮球不断发展,同时依托于科技与人文,不断提高篮球运动员的各种新技术,当代的篮球运动更加科技化、观赏化、商业化以及职业化。

篮球运动员的素质较之以往有了一定程度的提升,而且表现得更加全面,运动员的技战术意识都有一定程度的提升;篮球的高空技术与高空战术有了进一步发展,在身体对抗方面更为激烈;运动员的个人技术能力成为球队取胜的关键因素,快速进攻以及攻守转换的战术有了新发展;进攻的技战术更加实用与多变,并向立体型方向发展;个人防守的重要性越来越强,而且在攻击性、破坏性以及协同性方面表现得更加突出;女子篮球的技战术也向着男性化的方向不断发展。

篮球运动在全世界范围内得到了广泛的普及和深入的发展,为使该项运动永远具有吸引力和生命力,并在持续的发展中得到统一和规范,国际篮球联合会近年来不断对《篮球规则》进行完善,以4年为间隔对规则进行较大的修订。

目前,国际篮球联合会中央局会议上通过的2014年《篮球规则》,已于2014年10月1日起在世界范围内正式执行。

第二节 篮球运动的特点及功能

一、篮球运动的特点

篮球运动与其他运动相比会表现出不同的竞技特征,因此会相应表现出不同的运动特点。具体来讲,篮球运动的特点主要表现为以下几个方面:

(一)协同性

篮球运动比赛是以两队成员相互协同攻守对抗的形式进行的竞赛过程。运动员在场上进行传球、接球、运球、投篮等技术动作都具有相应的目的性,而技术动作的发挥只有在合理的战术思想指导下才能发挥出应有的作用。由此可见,篮球场上队友之间只有进行默契的协同配合,才能获得良好的效果。

队员的个人战术行动与集体战术配合是局部与全局、个体与集体的关系,集体战术配合包含了个人战术,集体战术配合是个人战术行动合理组织的综合体现。篮球场上的每一个队员都应该有整体观念,从全局出发,队友之间进行默契的配合,在场上进行有效的进攻与防守。与此同时,场上单个的球员还应该将个人技术的发挥与整体的战术进行有效的结合,从而使既定的战术更好地实现。

总之,篮球运动的训练以及队伍的组建都应该注意协同性原则,做到协调一致,同时还应该有效调动出每一个运动员的主动积极性。

(二)对抗性

篮球比赛还表现出显著的时空性与对抗性规律,即在一定的时间内围绕空间的球与篮筐进行相应的攻守对抗。篮球的篮圈在距离地面3.05米的篮板上,篮球向篮圈内投射,因此瞬时主动拼争控制球与控制时间和空间位置面积,促使参与篮球竞赛的双方展开多元素构成的不同战术阵形与技术手段的立体型进攻、防守,并不断转换,从而构成了自身的运动系统工程,体现出现代篮球运动的独特高空运动规律与特点。

近些年来,篮球运动发展了空间与地面全场紧贴对手、身体主动用力的个人防守技术,从而使得对方球员不能很好地施展自己的技术特长。这种攻击性防守技术具有很大的破坏力与杀伤力,能够一定程度上限制对方进攻目的的实现。在进攻方面,也相应发展了贴身强攻技术,强行突破、强行投篮、篮下强攻,这就使得篮球运动的时空立体对抗特点表现得更加突出。

在篮球比赛过程中,运动者必须具有良好的时间观念与空间意识,通过采取各种有效的手段争夺场上进攻的时间,努力争夺场上空间的优势,争取场上的主动并夺得最终的胜利。篮球运动的攻守对抗竞争是在有限的场地之中快速、凶悍近身进行的,不仅进行战术上的较量,而且还要有良好的体能素质与良好的意志品质作保证。由此,在队伍的组织、阵容的配备、训练与比赛作风的培养、心理的准备上都应考虑篮球运动激烈的时空立体对抗特点,同时还应该具备良好的高空意识,把握高空规律,积极主动控制时间和不同区域的空间,才能驾驭现代篮球运动,这是篮球运动最显著的重要特点。

(三)组合性

篮球运动是运动者以手控球,同时围绕着投篮得分展开攻守对抗为主要活动形式的运动,其技术动作复杂多样。篮球运动者技术的场上发挥往往是组合形式的,活动结构形式也比较多元化。由于篮球比赛的场上局势瞬息万变,因而也使得篮球技术的组合表现出显著的随机性、多样性以及无确定性特点。

篮球运动内容结构的多元性综合化,使它形成了自己独特的理论体系和技术、战术实践系统,并且已经发展成为一门交叉的边缘性学科课程。篮球运动包含跑、跳、投等身体活动,从其涵盖的科学内容体系而言,它具体涉及社会学、军事学、生物学、管理学、体育学等很多方面的内容。例如,篮球运动要求运动者的身体形态条件、生理机能、特殊的运动意识、意志品质等方面都应该要有良好的状态与水平,这也使得篮球教练员的组织科学化教学、训练和组织管理指挥都应该建立在这一基础之上,相互渗透形成一个有机的整体,从而使篮球运动内容结构上更趋科学化、独特化。只有充分地把握这一点,才能够造就在篮球专项运动上具有现代科技、现代体能、现代技能、现代意识、现代文化、现代文明的高层次的篮球竞技人才。

(四)多变性

现代篮球运动已成为一项集约、多变、综合性的竞技艺术。在篮球运动的发展过程中,球场行动由个体到整体、篮球技战术的掌握与运用从低级至高级不断地创新发展,这就使得篮球运动的比赛过程要比其他运动更加复杂,技术动作也更为烦琐,相应的战术阵形机动、集约而且富于变化,优秀运动队和明星队员掌握与创造性运用篮球技术、战术配合已达到集约性、技巧化、艺术化的程度,促使篮球比赛的过程充满生气与活力。而围绕空间瞬时变化开展的争夺,反映出个体单兵作战与协同集约配合相结合,空间与时间相结合,空间攻守与地面攻守立体型对抗相结合,拼抗性与力量性、技艺性、计谋性相结合,由此综合显示出各世界强队主体型的、各种类别的集约多变性攻守风格形式和打法特点,在比赛的千变万化情况下以不变应万变,自主掌握变化的主动权去扰乱对手,从而使比赛更为精彩,更具独特的戏剧性与观赏性的特点。

(五)职业化与商业化

早在20世纪中叶,西方的一些发达国家率先成立了职业篮球俱乐部,随着篮球运动者竞技水平的不断提升以及相关赛制规则的不断完善,现代篮球运动在国际范围内实现了更好的发展。

随着篮球运动员智能、体能等方面水平的不断提升,篮球运动的职业化进程更为迅速,到了20世纪八九十年代,越来越多的篮球职业俱乐部在世界范围内成立,尤其是20世纪90年代国际奥委会同意美国NBA职业篮球队员参加国际大赛后,全球职业化篮球已经发展成为一项新的产业。

随着篮球运动职业化的不断发展,在21世纪职业篮球比赛以及职业篮球运动员和运动队的运动技能水平与运动成绩逐渐商品化,篮球运动的组织体制、赛制和训练管理机制的商业化程度不断加深。由此,国内外重大篮球竞赛组织者借助电视传播、广告、授权产品、体育器材以及发放彩票、超国界转让队员和球队等各种形式开展赢利性经营,这种商业化的发展趋势反映出新时期现代篮球运动当代化的又一显著特点。

二、篮球运动的功能

作为一项流行世界的球类运动,篮球运动也有着其自身显著的功能,具体来讲主要表现在以下几个方面:

(一)健身与健心功能

篮球运动是一种综合各种跑、跳、投等动作技能的非周期性集体运动项目,其所蕴含的趣味性与广泛性能够让各种群体都很好地参与其中。

通过参与篮球运动,能够使人的力量、速度、耐力、灵敏度等各种素质获得发展。另外,篮球运动技术、战术系统的实践操作与实战运用过程,是通过在对抗变化着的特定时间、位置、距离、场地、设施、环境条件要求下,运用跑、跳、投掷等手段来完成的。现代篮球比赛在时间与空间方面的争夺日趋激烈,通过篮球运动能提高各种感受器官的功能,提高广泛分配和集中注意能力以及空间、时间和定向能力。

在比赛过程中由于经常变换动作,对提高神经中枢的灵活性、提高神经中枢协调支配各器官的能力,均起着良好的作用。同时,篮球运动又是一种特殊的社会文化,这种文化对于人情商的培养非常有帮助,同时还有助于运动者知识的增长与积累。

篮球运动通过身体的活动与锻炼可以减轻焦虑和抑郁,调节情绪,增进快乐,振奋精神。由此可见,在这一过程中,运动者在生理、心理以及智力等方面都需要承受多种因素的影响,因此,科学地从事篮球运动,对发展人的全面身体素质,提高人体内脏器官与感受器官的功能,提高中枢神经系统的支配能力,增进健康,促进心理修养,培养集体团队精神等都具有积极的作用。

(二)教育与启示功能

作为"三大球"之一,篮球运动广泛流行于国际上的很多国家,该运动不仅由于场上激烈的竞技而具有非常好的观赏性,而且还能够给人以很好的启示,具有很好的教育功能。

篮球运动表现出显著的集体性,而通过系统性的集体配合训练能够有效培养篮球队员的协作精神与意志品质。篮球运动除了具有运动竞技功能之外,还具有人文教育功能,运动者通过参与篮球运动训练能够更好地做人做事,其道德精神以及个人修养也能够获得提升。为此,世界各大洲每年都会积极组织多种形式的篮球赛事活动,能够吸引更多的群体参与其中,篮球运动所具备的特殊社会教育活力也能够彰显出来。人们能够在篮球活动、竞赛、观赏等过程中从多个角度获得相应的启示与鼓舞,这也使得篮球运动成为社会上一种特殊的教育手段。

(三)文化与娱乐功能

篮球运动有着自身的运动思想与理念、技术与战术、竞赛与训练方法,这在客观上对体育文化进行了很好的丰富,对于人类文化的发展也做出了相应的贡献。

对于运动参与者来讲,篮球运动主要具有的是健身与教育功能,而对于篮球运动观赏者来讲,篮球竞赛会表现出显著的娱乐功能。高水平的篮球运动比赛常常能够吸引到大量的观众观看,观众在欣赏过程中也能够获得对运动美的享受。由此可见,篮球运动比赛不仅丰富了人们的日常文化生活,而且还使人们获得了精神层面的享受。

(四)经济价值功能

目前,无论是竞技篮球比赛还是大众篮球运动都有着很大的吸引力,竞技篮球运动的商业化程度已经非常高,并且在发展经济方面也具有非常大的作用,能够创造出非常可观的经济效益。

具体到我国的具体情况,在产业化不断兴起与全民健身工作的持续发展背景下,竞技与大众性的篮球运动都得到了非常好的发展,而且有着很好的吸引力。同时,大众篮球运动对于参与者没有年龄、性别等方面的制约,不但能够有效增进人们的健康水平,还能够有效推动社会主义精神文明建设,实现社会的发展。

在国际上,篮球运动及其文化也得到了很好的发展与传播,篮球运动产业在国际上具有相当大的影响力,篮球运动产业所产生的巨大经济效应也在不断推动着自身的发展。

第三节 我国篮球运动的发展概况

一、我国篮球运动理论的发展

理论的发展对于实践具有很好的指导作用。随着我国对篮球运动发展的不断重视,篮球运动理论方面的研究也更加深入,当前的篮球运动已经不仅仅是一项单纯的体育活动,它被赋予了一定的科技含量,这就使得传统的篮球观念、篮球理论、篮球技战术与训练手段发生了一定的改变。

在篮球运动发展新时期,我国篮球运动的新的理论观点不断出现,很多新的技战术也逐渐产生,篮球运动的训练手段越来越科学,新的规则也得到进一步的充实、发展,新的竞赛制度得到进一步的完善,这就使得从篮球规则到篮球时间内容的新结构、新体系逐渐形成。篮球竞技在创新发展中的集约化、技术化、个性化、商业化特点的显著程度越来越高,这也在一定程度上充分反映出了竞技篮球当代化的科技氛围。

二、我国竞技篮球运动的发展

近些年来,世界篮球运动的发展逐渐呈现出一种新的格局,主要表现为世界篮球运动竞技水平和实力的起伏发展。同时,也可以认为这是篮球运动在全球普及、发展、提高的趋势。但是需要强调的是,在一段时期内,欧美一些国家或地区的篮球运动水平仍然会处于一个比较先进的水平,由于各国的实力没有太大的差距,这也会造成它们排名呈现出反复更迭的情况。总体来讲,篮球运动的发展方向主要从以下几个方面得到体现:攻守全面兼顾,群体智慧、形态、体能、意识、修养、个性、技能等多因素综合实力的搏斗与较量,高度与速度统一,体能、作风、智慧与对抗技能高度统一,个体与群体有机结合,教练员与球员有机相辅,即带着创新意识,沿着同一趋势、不同风格、不同流派、不同打法的方向发展,形成百花齐放的发展景观。

三、我国高校篮球运动的发展

(一)社会发展背景

我国篮球运动有着较为雄厚的群众基础,高校参与篮球运动的人数也非常可观。在当前阶段,我国参与篮球运动的人数已经达到两亿人左右。我国很多学校与企事业单位,均有许多热爱篮球运动的人,并且还组建了篮球队,篮球运动已经发展成深受广大群众欢迎的文化娱乐健身活动,这些都为我国高校篮球运动的发展创造了很好的社会条件。

近些年来,我国体育事业处于稳步的发展之中,国家对大众篮球运动的发展也给予了更多的关注,社会大众篮球设施得到了很好的建设,社会各界力量也在不断加强对于篮球运动的投资,让整个社会拥有了全民参与篮球运动的发展环境,尤其是重点加强了篮球运动在高校的普及力度。从整体上来看,篮球运动在我国拥有着良好的社会发展背景。

(二)教育改革促进

篮球运动具有非常显著的教育功能,体育教学大纲已经将其纳入其中。提升学生身体素质,让大学生课余文化生活更加丰富是高校篮球运动的本质功能。近些年来,我国高校篮球运动虽然还存在很多的不足,但是也取得了一定的发展成果,而且为我国篮球运动发展起到了一定的推动作用。在当前发展阶段,我国高校的篮球运动正处于快速的发展之中,高校篮球运动的参与人数也在不断增加,越来越多的大学生养成了坚持运动的习惯。如今,篮球运动不但成为学校体育课的一项重要教学内容,而且是学校球类运动俱乐部的一个重要项目。广泛存在的篮球基层组织为篮球运动在高校的可持续发展打下了良好基础,同时也为发展我国篮球运动事业培养了一批又一批高水平的后备人才。

第四节 我国大学生篮球运动的发展概况

一、我国大学生篮球运动的发展现状

篮球运动是我国高校开展体育运动的重要内容与有机组成

部分,它对于丰富和发展高校体育课教学的多样性具有非常重要的作用,篮球运动对于大学生体质的增强具有非常积极的作用,同时还有助于提升大学生的身体素质,有效调动大学生对于体育的学习兴趣,从而对高校篮球运动的发展起到积极的推动作用。因此,对于高校篮球运动的开展现状及其分析研究有着非常重要的意义。

从1998年举行的中国大学生篮球联赛开始,高校篮球运动才第一次真正地走入人们的视野,中国大学生篮球运动在1998年正式登上中国篮球运动的历史舞台,并在此之后实现了非常迅速的发展。2004年,我国教育部与体育总局联合提出并举办了中国大学生篮球超级联赛,它的开展为我国高校篮球运动的发展和运动员招生来源进一步拓展了广阔空间,这也使得更多有特长、有潜力的年轻运动员进入到高校之中并发挥了非常积极的作用,也使我国高校篮球运动的发展更加具有生命力。但是,目前我国高校篮球运动的发展还存在着很多的问题与不足之处,具体表现在以下几个方面:

(一)竞技水平较低

在西方一些发达国家,大学生篮球运动已经发展到了一个较高的水平。早在1992年之前,美国的NCAA就一直代表国家队参加奥运会、世锦赛等世界级的篮球赛事,并且取得了非常不错的运动成绩。另外,南美洲等一些国家的大学生篮球运动员的竞技能力也具有很高的水平。

具体到我国的篮球运动,早期由于受到苏联模式的影响以至于长期处于计划经济体制的制约之下,因此是单一化的体委负责制模式。又由于竞技体育与教育没有实现有机结合,走的是一条非常局限的体校路子,而高校体育所进行的只是体育教学与业余运动训练,在提高与普及极不协调的情况之下,势必导致我国高校竞技运动水平不高的问题出现,这与国外高校的差距十分明显。当前,我国高校的篮球运动员在毕业之后被与篮球相关的职业队选中的可能性较小，这就表明我国高校篮球的发展仍然存在着很大的不足之处。

(二)赛制不够科学

当前我国高校的篮球联赛赛制主要包括两种形式，中国大学生篮球联赛采取赛会制和主客场相结合的赛制，基层选拔赛、分区赛与八强赛上均采用赛会制，在进入半决赛之后采用主客场制。而中国大学生超级联赛一直以来都是采用的主客场制。一般中国大学生篮球联赛的基础选拔赛都是在各个省会城市进行的，赛点较为分散，每一个赛点的参赛队都很少，并且球队在实力方面也存在着很大的差距，真正高水平的比赛非常有限，球队的竞技水平很难通过这种比赛获得有效提升。在举行选拔赛的过程中，常会由于经费的不足，导致组织与宣传的力度不够，因此在各个高校与当地社会当中没有能够造成足够的影响力，这对于高校联赛的普及与发展非常不利。在进行分区赛时，中国大学生篮球联赛采用赛会制，这样可以很好地节约时间，使运动员有充足的时间进行文化课的学习，同时对于球队更加科学化的管理也具有非常好的作用。然而，赛会制的时间相当紧迫，运动员与教练常常会有很大的心理压力，加之比赛的密度过高，致使比赛与训练不能进行很好的衔接，从而影响了运动员技战术水平的发挥以及运动水平的提升。中国大学生超级联赛虽然能够使运动员获得更多的实战机会，对于赛事的推广与运动队伍的锻炼也具有非常积极的作用，但是由于赛制因素会持续较长的一段时间，所需要的经费也比较多，大部分的高校并不能承受这种情况。由此可见，上述赛制并不符合我国高校当前的现实情况。

(三)教学指导思想贯彻不力

学校的体育教学是为了增强广大学生的身体素质，促进学生身心的全面发展，从而为社会培养更多的人才。但是，在高校篮球运动的发展过程中还存在着很多的问题与不足之处。在高校篮球的教学思想方面,"以人为本""终身体育"等教学思想还没有得到深入的贯彻,也没有在篮球运动教学实践活动中得到很好的体现。当前,多数高校学生在篮球体育教学之后对于篮球运动并没有系统的认识,"终身体育"也就更无从谈起。例如,"三步上篮"这项篮球技术是学校各个年级篮球课程的一项重要考核内容,而学生在篮球教学课上所进行的多是一般的运球、上篮等动作练习,教学过程非常单一枯燥,体育教师只是采取单一的语言教学来讲述篮球动作的学习要领,并没有完整的篮球运动技术实践,这样就不能够有效调动学生的学习积极性,主体参与意识也就无法形成。这样一来,高校篮球教学促进学生身心健康持续发展的教学目标就很难完成。

目前,传统的教学方法仍然是广大高校进行篮球运动教学时的主要选择,技术教学是这种传统体育教学理念的主要内容,这样就使得篮球运动的知识性与娱乐性等特征在篮球教学中不能够体现出来,也无法使学生深刻体会到篮球运动的真正内涵。

(四)发展目标定位有偏差

当前,我国的竞技体育虽然已经取得了不俗的成绩,但是从人的全面发展方面来看,竞技体育人才培养模式也暴露出很多的问题,具体来讲主要包括以下两个方面:

(1)竞技体育与教育相脱离,体育运动训练与接受教育不能够和谐发展,这就造成了后备人才资源不足的情况。

(2)由于运动员的文化素养没有培养到一定高的水平,退役之后在就业方面所面临的形势就会非常严峻,这些情况都在一定程度上制约着我国竞技体育的发展。

长时间以来,我国高校的竞技体育不但没有形成一定规模的竞赛市场,也没有形成健全的后备人才培养机制,发展目标定位存在一定的偏差。

(五)教师的教学水平有待提升

对于高校体育教学来讲,高校体育教师对于高校体育的发展往往发挥着非常关键的作用。

目前,我国高校的体育教师基本上都是体育院校出身,在体育理论知识方面有着足够的水平,但是受过专业体育运动训练的教师数量却非常有限,也比较缺少各种大赛临场的实战经验。当一些高水平运动员进入高校后,由于得不到专业的技战术指导,他们的运动水平常常会出现停滞或者下降的现象。虽然也有一定数量的专业篮球教练员进入到了一些高校之中,但是这对于提升高校篮球教练员的整体执教水平并不能起到立竿见影的作用。

(六)专业运动训练不够系统科学

目前,我国高校篮球队的运动训练情况也不够理想,这主要是由于训练时间不充足、训练的手段与方式落后等原因造成的。

高校篮球运动员一方面由于文化基础普遍薄弱,但为了顺利地完成学业必须要付出比其他学生更多的时间与精力。因此,篮球运动员只能利用课余时间进行练习,而每次的训练时间只有2~3小时,这些训练时间用于提高专项竞技能力是明显不够的。在训练强度方面,由于目前我国用于高校运动队的经费比重较小,营养条件得不到保证,致使运动员正常训练的量和强度达不到较高的水准。而低强度、低水平的运动训练很难提高训练质量,因此也影响了我国高校篮球运动员水平的提高。

在训练方法和手段方面,由于训练条件的限制,我国高校篮球队多数是采用一般性的训练手段和方法进行篮球训练,而训练内容也多以技战术为主,其中篮球体能训练和心理训练所占的比重也很小。对于训练过程的检测和运动后的恢复方面,我国多数高校篮球队基本上都是处于空白状态。

(七)教学评价体系不够健全

在传统的体育教学方式与教学理念下,教学评定的片面性在一定程度上影响了学生学习体育的积极性与热情,这也在一定程度上影响了高校篮球的教学。

目前,我国高校的新课程标准对体育教学的内容并没有具体明确的规定,这就使得体育教师在教学组织的实践活动中有了发挥想象与智慧的空间,同时也要求教师在提高学生体育素养的基础上从整体上促进学生运动能力的提升。但是,当前高校的很多教师不能够对新课程标准的体育教学理念进行准确的理解与把握,从而造成其在篮球教学的实践当中对于教学内容的选编没有务实的精神;另外,很多高校对于教学的评价所采取的仍然是终结性评价方式,这就使得教学评价的方式缺乏相应的科学性,学生在学习过程中应有的主体性也不能够得到应有的发挥。具体来讲,当前我国高校教学评价体系的不健全主要体现在以下几个方面:

(1)篮球教学的终结性评价偏重于对学生达标结果的考核,而轻视对学生的情绪表现、学习态度等方面的评价。这就导致了很多学生虽然能够学习到篮球技战术等方面的知识,但结果却没有取得理想的成绩,而另外还有一些学生虽然在考试当中取得了好成绩,但是并没有学到真正有用的知识。因此,这种评价的方式与体系并没有客观评价出学生真实的学习情况。

(2)终结性评价的教学评价方式使教师在进行篮球教学的考核时,过于注重学生掌握教学内容的最终结果,而忽略了学生的学习过程。这样,就在一定程度上影响了学生学习的积极主动性。

(3)我国高校篮球教学中多采用终结性评价的教学评价体系,这样会对学生创新能力以及体育人文价值观的形成造成不利影响,使"终身体育"的观念难以得到认同,也对高校学生的全面、健康发展产生一定的消极影响。

要想构建起公正客观的高校篮球教学评价体系,就必须注重培养高校学生参与篮球运动的积极性与主体性意识,让高校学生在篮球运动的参与过程中对自我的运动能力有清楚的认知与客观的自我评价,使高校的篮球教学评价充满现代教育的理念,从而最终达到体育教学的目标。

(八)教学经费投入不足

高校要想培养出优秀的大学生体育运动人才,必须要有相应的经济基础。从当前篮球运动发展的社会条件来看,经济是影响篮球运动生存与发展的一项重要因素,经济的发展水平决定着篮球运动的教学水平、教学规模以及教学目标等很多方面。

目前,我国大部分高校篮球运动的发展还受到经济因素的制约,表现为发展经费不足、资金来源比较单一、缺少健全的后勤保障等。同时,由于经济水平的影响,很多学校的篮球教学设施与场地都不够完善,篮球教学过程缺乏必要的医务指导。

二、我国大学生篮球运动的发展趋势

作为一种文化现象,篮球运动在高校校园中得到了非常迅速的普及与发展。篮球运动在继承已有特点的基础上,在高校未来的发展过程中将会主要表现出以下几种趋势:

(一)形式更加多样,普及更加广泛

篮球运动充满了挑战性与趣味性,它也因此而得到了广大学生的喜爱,这也为篮球活动进一步在高校校园内进行传播奠定了良好的基础。

在当前我国的校园中,篮球运动已经成为颇具校园文化色彩的、名副其实的文化娱乐和大学生强身健体、修身养性的手段。因此,篮球运动遍布全世界各个高校,成为大学生学习和生活的重要组成部分。多种形式的篮球活动在高校广泛开展,街头篮球、轮椅篮球等多种活动形式广泛存在于国际范围内的高校之中。

(二)教育功能更加彰显

随着社会现代化的不断发展,人文教育举足轻重,篮球所包

含的增智、健身、教育、宣传、社交等功能得到了越来越多人的认同。通过篮球训练与比赛,能够有效培养高校篮球运动员齐心协力、团结协作的集体主义精神。同时,场上激烈的身体对抗还能够有效培养高校篮球运动员顽强的意志品质。

竞技运动的发展及人文篮球观点被广泛接受,使得篮球运动除具备了竞技功能之外,还被广泛应用到篮球的训练和比赛中,通过篮球的训练和比赛,使篮球运动员的人格得到修炼,并以此而建立一种人性化的篮球运动。大学生在高校的学习过程中往往会面临学习方面的很多压力,而通过借助参与篮球活动能够有效缓解这种压力,同时还能够陶冶情操、锻炼意志、修养品行,有效培养自己的团队精神与荣誉感。

(三)理论与实践更加科学化

如今,现代科技被广泛应用于篮球运动中,传统的篮球观念、理论、技术、战术和体能水平以及训练手段等被不断改进和创新。实践训练手段更具科学化,多元化技战术手段与训练、比赛实践相结合,实现篮球观念的新转变,新的理论观点层出不穷,新的竞赛制度不断得到完善,新的规则实现再充实、再发展,从而形成从篮球理论到篮球实践内容的不断创新和发展,这样不仅有助于高校培养更多的大学生篮球高手,同时也更有利于高校篮球教学的长久发展和不断完善。

第二章　学校篮球运动教学与训练的发展现状

当前，篮球运动群众基础越来越广泛，更多的人认识到篮球运动具备的特性与价值。在我国各级学校，篮球运动已经发展成一项深受学生欢迎的体育运动，在这种背景下深入探析学校篮球运动教学与训练的发展现状十分必要。本章主要对学校篮球运动教学发展现状、学校篮球运动训练发展现状、影响学校篮球运动教学与训练发展的因素进行详细阐析，进而促使学校篮球运动朝着更好的方向发展。

第一节　学校篮球运动教学发展现状

学校篮球运动教学发展现状涉及各级学校的发展情况，为保证分析的深入性，本节主要对高校篮球运动教学发展现状展开分析。

一、学生选修篮球课程状况的调查与分析

(一)普通高校部分项目开设情况调查与分析

篮球运动在高校的群众基础相对稳固。以其他运动项目为比较对象，篮球运动在课时安排、选课学生数量等方面都占有很大优势。相关调查研究发现，篮球、足球、排球、羽毛球、乒乓球等球类项目在学校中深受学生的欢迎，而篮球项目的开课比例则位

于首位。

经过调查得出,学生选择感兴趣的运动项目时,往往存在特定走向:包括球类运动、武术运动、健美操运动在内的传统项目仍旧有很大发展空间,但是一些运动项目的群众基础也呈现出了缩小趋势,以田径运动为例,学生往往会选择集新颖性、灵活性以及娱乐性于一身的运动项目。传统项目在群众基础方面占有较大优势,其设施基础相对较好,同时还有很多人致力于传播传统项目的理论知识以及运动技能。新兴运动项目往往能够反映当下盛行的事物,能够把握学生内心的实际需求。结合现阶段高校体育课程改革的各项要求,毋庸置疑的是多样的选项课教学充当着大学体育改革的主流,其与学生个性化发展追求十分贴切,使得学校体育的教育内涵更加丰富多彩。不管是必修课还是选修课,我国各个学校均要将开发时尚运动项目置于重要位置,充分呈现出课程的时代性特征与世界性特征。第一,要积极弘扬传统项目的优势;第二,要主动革新和调整教学观念;第三,要努力吸引广大学生的注意力,使学生更加积极地参与其中。

(二)男女大学生选择篮球运动情况的调查与分析

调查过程中发现,当学生性别不同时,往往会在篮球运动兴趣与爱好方面存在很大差异,选择篮球课的男生比女生多。由于篮球运动的趣味性十分明显,所以往往能使参与者在习练过程中获得良好情感体验,参与者得到有益情感体验的难度较小,很多运动项目没有这些优势。在篮球运动各项特征的影响下,其逐渐发展成现代学生会首先选取的运动项目。从本质来说,篮球运动是集灵活技术与多样化战术于一身的对抗性竞赛活动,其包含的特点有群众性、健康娱乐性、对抗性、集体性、攻防技术两重性等方面的特征。坚持参与球类运动,不但能使参与者实现各项素质的均衡发展,而且还能让神经中枢功能、感觉器官功能、内脏器官功能得到有效改善,另外,有利于参与者形成较好的心理素质以及优良作风。

对于男生而言,他们对竞争激烈和富有趣味性的运动项目更感兴趣;对于女生而言,她们对相对平缓的运动项目更感兴趣,十分重视身心愉悦目标的实现。对于现代学生而言,尤其是对于女生而言,对强度适中、难度适中、节律性强的室内项目更加感兴趣,决定性因素是学生的身心特征。篮球教师在规划和确定教学内容时,需要在基本技术教学的情况下,让学生掌握欣赏篮球运动的正确方法,指导学生采用合理战术配合,进而增加学生参与篮球比赛的趣味性和自信心。

(三)大学生参加篮球运动原因调查

表 2-1 大学生参加篮球课教学的原因和对篮球课的认识的调查分析表

类别	问题	选择百分率(%)
参加篮球课教学的原因	1. 喜欢篮球运动 2. 其他课程没有选上 3. 以前有基础,考试容易通过 4. 看到别人选,自己也选 5. 其他	81.5 5.7 5.3 4.6 2.9
对篮球课的认识	1. 学技术 2. 打比赛 3. 锻炼身体 4. 放松身心,缓解学习压力 5. 结交朋友 6. 其他	36.1 16.4 27.6 6.9 9.2 3.8

通过表 2-1 表明,由于喜欢篮球运动而选择篮球运动选修项目的学生有 81.5%,这说明很多学生选择篮球课完全出于对篮球运动的热爱。然而,依然有些学生是在没有成功选择其他项目的情况下选择篮球课的,这反映出这部分学生的主体性不强。还有些学生是看到别人选才选的,显然这种从众心理对学生有害无益,需要体育教师进行进一步引导。

经过调查学生选择篮球课的动机得出,掌握技术和强身健体是学生选择篮球课的主要目的,对应这两个目的的学生分别占学生总数的 36.1% 和 27.6%。在教学改革力度不断加深的情况下,篮球课教学不再只局限于让学生掌握技能,而逐渐演变成促使学生实现全面发展、提高社会适应能力、保证心理处于健康状态、锻炼意识品质的重要途径。经过调查得出,完成选课任务是学生参与篮球教学的主要目标,学生对终身体育认识还停留在表面,这表明学生没有高度重视该项问题,教师还需深入理解终身体育观念,没有对学生做到正确引导。

二、高校体育课程设置及篮球教学模式状况的调查与分析

(一)高校课程设置状况的调查与分析

《全国普通高等学校体育教育指导纲要》规定,普通高等学校在一年级和二年级四个学期中必修开设体育课程一共有 144 学时,学生要想顺利毕业、得到相应学位,必须修满规定学分,并且达到有关要求,另外,普通高等学校还需要对三年级以上学生以及研究生开设相应的体育选修课。在高校体育课程改革不断推进的情况下,我国高等院校一年级与二年级基本都采用了必修课形式,有些高校选必修课与选修课同步开展的方式,还有些高校三年级以上包括研究生也继续开设有体育选修课。

大学体育必修课的出现时间是 1860 年,在经过一百多年的发展后呈现出了日益衰微的现象。由于全球范围内开设体育必修课的国家原本就不多,同时全球范围内大学体育必修课还处于不断缩减的状态。在苏联解体与东欧诸国剧变后,很多国家的大学体育必修课被取消;随后日本和韩国先后取消了国家在大学体育必修课方面的强制性规定与限制。国家大学体育联盟的意见可以从某些方面说明出现该局面的原因。国家大学体育联盟指出,中小学实施的体育教学相对全面,大学仅仅扮演应用与实践的场所;大学是传播知识与开展研究的机构,而身体具体与初级

应用性的领域不属于学问;对于在教育学方面未能形成体系的运动与游戏而言,纳入大学课程实在没有必要。在国家实际情况特殊以及国家体制的强力保障下,我国在短时间内取消大学体育必修课的可能性基本为零。然而,数十年以来针对我国大学体育课程的反思已经持续了很长时间,同时还涌现出了很多的体育课程改革尝试。在我国体育课程以及体育教学改革持续深化的情况下,高等学校体育课程以及体育教学两方面的改革已经处在末尾环节的攻坚时期,改革能否成功对我国体育事业以及我国高等院校今后在培育人才方面的机制与思路都有决定作用。大学体育必修课是以往很长时间内的常见体育体制,同时也是我国过渡阶段贯彻的关键体制。在体育教学改革积极吐旧纳新的情况下,相关部门以及人士应当采用不同形式的教学方法,主动贯彻和落实学生的主体地位。

具体来说,体育选修课就是结合学校的场地、设施以及师资力量等,规划和设置相应的教学项目,进而给学生较大的选择空间,彻底打破原先的系、班建制,以具体项目作为划分类别和班级的具体依据,从而使各级水平、各种兴趣爱好以及各个层次学生的多种需求都得到满足。由于高校体育属于学校体育和社会体育的接轨点,所以体育教学需要达到以下几方面的要求:第一,保证学习内容具备文化性;第二,保证运动具备实用性以及娱乐性;第三,使学生的体育意识得到提升,使学生的体育态度得到大幅度改善;第四,指导学生科学评价身体素质和体育锻炼成效;第五,使学生掌握制定运动处方的正确方法,逐步使学生成为社会体育人口的构成部分。实施体育选修课,不仅能使学校体育教学内容的完整性问题、系统性问题以及连续性问题得到解决,同时反映出高校体育教学更高层面上的要求。毋庸置疑,学生认可体育选课形式,同时经过体育选修课学习能够在很多方面有收获。高校开设体育选修课,不仅能紧跟高校体育课程改革潮流,使实际需求存在很大差异的学生得到尽可能满足,充分反映出"以人为本"的教育理念,还能有效强化学生的主动性。此外,高校开设体育选修课还能发展学生个性、使学生树立终身体育意识、使每位教师的优势得到更好发挥、使教学成效大幅度改善,对达到高校体育终极目标有很大的现实意义,大力推广和提倡的意义很大。

(二)高校篮球课程开展的模式

1.基础体育课

基础体育课是指组织和指导学生学习体育基础知识、基础技术以及基础技能,使学生身体素质以及运动能力得到大幅度提升,使学生身体机能与身体形态朝着更好方向改善,推动学生对体育的深远影响形成深入理解,逐步形成正确体育观。基础体育课的特点是可以向学生传授系统性特征和全面性特征更加明显的体育知识和运动技术,使学生身体素质发展得更加均衡,有利于学生思想品质的形成和改善。基础体育课和传统课程教学特征存在很多相同之处。

调查得出,我国各个高等院校开设篮球基础课教学的还比较有限,有40%的学校开设了基础体育课,大多是和体育选项课并行开设。同时,有部分职业技术学院对在校学生采取了本科两年基础体育课教学,并且篮球课仅占全部体育课教学课时中的一部分。还有一部分开设基础体育课的高校往往会在第一学期或前两个学期开设基础体育课,随后的学期往往会开设选项课教学模式。对于基础体育课来说,授课时常常是全体教师参与篮球基础课授课,同时包含许多专项不同的体育教师。该教学方式的突出矛盾是教师专业水平以及学生篮球运动水平都有很大不同,尤其是男学生和女学生对篮球运动喜好程度截然不同,另外,在课时有限的影响下,难以达到系统学习的标准。

所有教学模式均存在自身优势,基础体育课也有很多相同规律。基础体育课的优势是对身体素质和专项素质水平有待提升的学生更加适宜,能够帮助他们在多方面打好基础,有利于他们更加高效地完成高年级选修教学。小学体育课和中学体育课是

第二章　学校篮球运动教学与训练的发展现状

大学体育课的重要基础,大学体育课是对中学体育课的进一步延续。通常情况下,大学基础体育课会选择班级授课制,以固定不变的教学大纲为参照,来设定出固定不变的教学内容。运动参与、运动技能、生理健康、心理健康以及社会适应是大学体育课程设定的教学目标,这些教学目标能够充当课程设置的参照物。基础性教学是基础课教学反复重申的,具体是指学习不同种类的运动项目并使身体素质均衡发展,学生参与运动的喜好是被基础课教学忽视的,所以,基础课教学难以反映出学生的主体地位。我国采取基础课教学的高校,在开课学期和项目两方面存在很大区别。一部分学校是统一传授一项本校传统项目,还有一部分学校是将教学摆在突出位置,绝大部分学校是实行很多项目先后开课的形式。在现阶段,由于我国中学教学中某些问题的限制,导致高校体育教学和中学体育教学之间的脱节问题比较严重。进入高等院校的大学生在身体素质和体育技能两方面存在很大不同,所以很有必要开展基础课体育教学。

2. 选项体育课

经过调查发现,绝大部分学校落实了选项课教学,许多学校实行了基础体育课与选项教学同步进行的方式。选项体育课是指在达到身体全面训练的情况下,以学生实际兴趣与优势为依据,通过特定身体练习来组织教学,进而让学生掌握和对应项目的理论知识、运动技术以及运动技能,使学生在运动锻炼方面的兴趣和习惯逐渐形成,使学生评价身体素质和健康状况的水平得到提升。选项体育课作为一种教学形式,进一步突出了学生主体地位和教师主导地位,在学生学习某项运动技能和某几项运动技能的过程中,能够向实现终身体育提供一些措施。

落实篮球选项教学和《全国普通高等学校体育教学指导纲要》精神十分贴切。《全国普通高等学校体育教学指导纲要》指出,必须高度重视学生主体作用发挥情况以及教师主导作用发挥情况,尽最大可能实行开放式教学和探究式教学,对体育课程时间与空间两方面展开进一步拓宽。学生在结合教师指导的基础上，独立完成课程内容、任课教师、上课时间自由度的选择任务，努力营造出良好的学习氛围。

对于篮球课而言，选择选项教学和人性化追求更加贴近。以学生需求为出发点以及尊重学生需求，是学校教育个性化的一项理念。学校是社会构成部分之一，是挖掘个性潜在能力和推动自我实现的重要阵地以及重要方式。对于学校教育个性化而言，使学生不同需求得到满足，特别是自我实现需要，推动对篮球运动感兴趣的学生加入篮球教学活动中，充分感受篮球运动的乐趣。与此同时，选项式体育课程设置凸显了教师的重要地位，指出任何教师都有很多不同之处，教师和教师之间的优势存在很大区别，选项模式并不需要教师在所有方面都很优秀，而是设置出教和学双向相应的教学班，推动教师从事自身专业，使自身优势在教学过程中充分发挥出来，保障教学水平处于较高层次，同时在对应领域进行深入研究和深度发展。由此可知，对于学生和教师两个层面来说，选项形式都做到了充分尊重教师和学生原本就拥有的发展权、人格权以及选择权，反映出对人的差异性有了进一步认识，彰显了现代大学体育的"人性化"追求。

篮球选修课教学有利于学生养成终身进行体育锻炼的好习惯。大学生活是学生走向社会的最后阵地，是和社会最贴近的一块圣土。以往学校体育常常会将强身健体当成指导思想，该思想内在意愿对学生全部体育活动有决定性作用，将运动竞技性摆在更加突出的位置，对提高运动技术和改变生物体投入了过多精力。无论学生对哪项运动项目更感兴趣，学校都会设定出不变的教学大纲、教学内容、考核规范来要求学生，没有对学生在体育运动健身性、娱乐性、差异性三方面的要求投入适当注意力。分析篮球选修课可知，对学生在感兴趣的运动项目上的需求做到尽可能满足，科学学习不仅能彰显学生各方面的能力，还能使学生更加有自信，使学生对技能学习更加感兴趣，使学生主动学习篮球运动方面的知识和技能。需要说明的是，学生接受系统性项目教学的过程中,对学习篮球技能的价值有了更加深入的理解,对学习重点以及需要进一步提升的技术和技能有更加清楚的认识,推动学生逐步形成终身参与体育运动的良好习惯。

3.选项提高课

调查表明,真正落实篮球选项提高课教学的学校不是很多。篮球选项提高课是指学生在已经具备的篮球技术、篮球战术、看球理论教学的情况下,开展深入学习,该教学方式能够使对篮球运动水平有不同需要的学生得到满足。调查得出,在仅落实选项教学的普通高等学校,学生在掌握篮球运动的实际情况上有很大差异,部分学生篮球基础薄弱,还有一部分学生以往参与篮球锻炼的时间很长。对于该情况,选项提高课需要把试行范围定在高校体育课中。只有体育基础课教学或只有选项教学,无法使不同情况的学生得到满足,教师不但要紧抓篮球运动基础薄弱学生的基础练习,而且要向篮球运动基础较好学生传授崭新的篮球技术、篮球战术、篮球运动知识,进而导致篮球教师对此类班级状况无从下手。

《全国普通高等学校体育教学指导纲要》指出,学校教育应将对象设定为所有学生,开设各种各样的体育课程,允许教师将之前的系别和班级建制进行彻底打破,组织学生再次组合之后再上课,使不同情况的学生得到满足。此类层次分明的篮球选项提高课的显著特征是:对学生差异进行了深入考虑,有针对性地对各种情况的学生展开学习指导,如此能将学生学习积极性与主动性调动起来,使所有学生最终都达到最佳状态。篮球课的分层教学是以充分尊重学生的主观意愿为前提的基础教学和提高教学。学生在清晰地认识到自身运动技能、身体素质以及认知水平的情况下,合理选择出适合自己的层次班级。对于分层教学而言,学生需要挑选出各种类型的教学内容,进而实现对应的教学目标,因此考评标准也会发生相应变化。

篮球提高课教学会将关键性标准分层设定为篮球技术,保证不对学生自尊心产生负面作用,对层次清晰的教学产生积极作用以及防止重复教学是根本目标。针对部分篮球技术占优势的学生,应当采用适当加快教学进度;针对部分篮球技术处于劣势的学生,应当从基础练习开始。因为不同层次对应的教学目标差异大,同时,每个层次的学生在技术水平上差异较小,因此有利于激发学生积极性。在篮球专项课教学过程中,通过篮球运动具备知识性、娱乐性等特征对学生产生引导作用,使学生对体育运动的兴趣变得更加强烈。

学生在潜能方面的差别较大,在自我实现需求方面的差别也比较大。篮球提高课教学作为选项课教学,对学生体育理论水平以及实践水平提高上有积极影响,能够为实现终身体育奠定稳固基础。

4.体育俱乐部

高校体育俱乐部是高校体育课程改革的一个明显趋势,是其他国家比较常见的体育活动模式。调查某些院校显示,实施篮球俱乐部教学的学校十分有限。尽管俱乐部教学是所用的授课模式,但实际教学实践中没有充分反映学生主体性,学生难以彻底参照自身喜好和情况来选择篮球课、授课教师以及上课时间。从本质来说,这个选项教学的不同之处比较小,仅仅在名称上面做了一些改变。

人们参加社会活动的团体和公共娱乐场所的总称,即俱乐部。高校体育俱乐部是指高校中存在相同兴趣与喜好的学生设定成主体,以体育锻炼需求与健康意识需求为出发点,在选择体育活动构成的学校体育活动团体时仅凭自身意愿,同时承担相应的权利与义务,属于学校体育活动开展形式中的一种。分析体育教学俱乐部可知,其教学模式是通过俱乐部组织形式来开展组织教学的教学形式之一,即在相同课堂中开设不同项目的教学俱乐部,不仅班级、教学进度、教学内容不会对其产生限制作用,而且始终顺应体育学规律,进而实现体育课需要完成的教学任务与教学目标,同时空闲在不同项目的俱乐部组织有积极影响的活动,是进一步优化俱乐部式课堂常规教学。因为体育俱乐部可以同时顾及学生兴趣以及优势,所以是现阶段高校相对理想的体育教学模式。通过此类组织形式来开展教学活动,在内容、特征以及选项课三方面往往是统一的。高校采取俱乐部式的体育教学,其内涵是以高校人才培养目标为出发点,紧密联系大学生在体育教学方面的实际情况,推动学生逐步形成终身体育意识,使学生在坚持不懈的体育锻炼中掌握相应运动的技能与方法,使学生体育才能、体育喜好得到有效发挥,向终身健康打下坚实基础。通过俱乐部形式来组织落实体育课教学。体育俱乐部特征是在教学指导上重点激发学生体育兴趣,并且使体育水平有所提升。体育俱乐部优势是可以让学生学习体育知识的积极性得到充分发挥。高校体育俱乐部教学是对教学思想、教学目标、教学结构和教法体系的一个体育教学过程的整体性研究。

国外学校体育俱乐部发展时间比较长,同时基本处在成熟状态。在日本和欧美国家,校内外课余体育锻炼常常会把单项体育组织当成基础,这方面和我国将教学班当成单位的课外体育活动存在很多差异。伴随着我国开放程度不断提高,我国开展的高校体育课和世界流行模式之间的差距越来越小。

随着篮球俱乐部式教学模式改革力度的不断加深,传统教学模式被打破,以往的篮球教学形式与现代俱乐部活动形式实现了充分融合,逐步成为崭新的教和学的综合形式,精准找出了分辨中学体育和大学体育的切入点,以往小学到中学再到大学的强制性重复教学形式被革新。完成实践性研究后得出,篮球俱乐部教学模式对体育运动的健身问题以及健康问题能够发挥缓解作用。剖析篮球班试验结果可知,俱乐部教学模式有强健体质作用,但需要对体育锻炼进行深入引导、指导以及辅导。由此可知,高校体育和改革一定要建立起能够彰显现代特色并和时代特征相吻合的新型教学模式。

三、高校篮球课程内容与教学方法状况的调查与分析

（一）高校篮球课学生对课程内容态度的调查与分析

经过调查得知，高校篮球教师往往会联系本校教学大纲来确定上课内容。因为教学大纲内容是粗略性的，尤其是在理论上没有做出详细规定，因而教师在传授理论知识时会出现很大不同。在篮球课上，篮球运动发展历程、基础技术、基础战术、篮球游戏、篮球竞赛、篮球规则是篮球教师经常设置的内容。学生对教师授课内容满意度较低，学生对战术、裁判理论、裁判实践的满意度比较低，对基本技术满意度还比较高。

目标对内容有统领作用，《全国普通高等学校体育教学指导纲要》分别指出运动参与、运动技能、身体健康、心理健康以及社会适应五个方面的目标。对于篮球教学内容来说，同样需要自始至终都认真遵循这五项目标，不可以把篮球教学目标局限在单个目标上。因此，篮球教师不但要向学生传授专业技能，而且在篮球教学活动中要合理穿插理论知识、身心健康知识、运动医学知识、社会学知识、教材教法几个方面。

除此之外，《全国普通高等学校体育教学指导纲要》还指出，安排课程内容时需要贯彻几项原则：健身性和文化性有机结合，选择性和时效性有机结合、科学性和可接受性有机结合，积极顺应《国家学生体质健康标准》提出的内容与要求。篮球课在安排基本技术、基本战术、篮球比赛的情况下，需要适当增加传授篮球文化知识的实际比例，组织学生参与到讨论篮球运动功能和大学篮球技术战术走向等活动中。

（二）高校篮球课教师对学生采取的教学方法的调查与分析

对教师教学方法进行研究后发现，练习法、竞赛法、示范法、游戏法等是高校篮球教师经常使用的教学方法。从学生对教师

教学方法的满意程度可知,教师还需要进一步探索崭新的教学方法,教师需要用多种途径来有效激发学生兴趣。在积极剖析和借鉴以往教学方法的情况下,主动运用新近出现的教学手段,适当增加使用多媒体教学手段的次数,进而将篮球运动的技术、战术以及相关文化更加形象生动地展示给学生。

篮球教师安排篮球课程内容时往往是固定不变的。部分教师能够更加形象有趣地向学生传授教学内容,学生的兴趣和主动性都比较强烈,课堂氛围比较好,但部分教师在传授同一教学内容时会出现课堂氛围沉闷、学生主动性不强的问题。分析传统教学方法可知,其往往采取传授式教学和系统性教学。通常情况下,篮球课会被划分为几段式教学,整个学期学生往往会在节奏相同的情况下完成自己选择的篮球课。学生积极性不高,比赛时间成为唯一吸引学生上课的时间段。

在大力倡导"健康第一"的课程改革背景下,篮球教师应当努力实现教学手段的多元化,不再把教学内容只定位在技术动作专门性练习和身体素质专门性练习两个方面,努力使学生在篮球课方面的需求得到满足。技术教学过程中可采取多元化练习方式,战术演练过程中积极使用比赛形式,积极使用不同类型的学习方法,使学生对篮球学习的兴趣更加强烈。针对这些要求,篮球教师要紧跟时代步伐,努力使自身执教水平得到大幅度提升。

四、高校篮球课程建设状况调查与分析

(一)高校师资建设情况的调查与研究

1.普通高校篮球教师年龄结构

通过调查我国普通高校教师年龄结构显示,我国普通高校体育教师年龄结构正在逐步合理化,年龄老化趋势正在慢慢消减。40岁以下教师在全体教师中的比例比较大,是我国普通高校体育师资队伍的主要力量。在青年教师总人数持续增加的情况下,使

得我国高校体育师资力量正朝着更好方向发展。40—50岁的中年教师数量仅次于40岁以下的青年教师,依旧是我国普通高校体育教师队伍中的重要力量,倘若不能将他们的力量调动起来,不能使他们始终处于主动状态,则整个师资队伍的稳定性将遭受破坏,不利于篮球运动的开展和研究。超过51岁的教师数量所占比例小于十分之一,他们往往拥有高级职称,他们中的很多人充当着学科领头羊,知名度与影响力都很大,所以要充分挖掘他们的内在潜力,从而发挥促使青年教师发展的作用。

2.普通高校篮球教师职称结构

调查证实,获得高级职称的篮球教师不足教师队伍的十分之一,这些教师的年龄往往超过50岁;获得讲师资格的篮球教师比重很大,同时,他们的年龄往往在40岁以下;获得讲师职称的教师不足百分之二十,年龄往往集中在30岁以下。高级职称、中级职称、初级职称的结构比例已经慢慢发展成卵状结构,对学术带头人培育工作以及发展成系统性学术梯队都有积极影响。获得高职称教师年龄较大的趋势确实存在,这些教师有很多人在几年之后会先后离开工作岗位,培育中青年教师,同时很好地继承高职称教师的工作,是一个需要尽早解决的问题。与高校体育师资队伍在年龄结构上的断层相比,职称结构上表现出的业务水平断层更加明显。倘若不尽快对中年教师和青年教师进行培育和扶持,使中青年教师的业务水平获得大幅度提升,将中青年教师的内在潜力发挥至最大,推动高水平的中青年教师担负起工作重任,则整个师资队伍可能发生明显下滑的趋势,特殊情况下还会产生教师技能水平和科研水平都偏低的问题。

3.普通高校篮球教师学历结构

相关调查显示,大部分高校篮球教师的学历是本科,最高学历是研究生的篮球教师还不多。在高等院校越来越重视教师在职培训的情况下,部分最高学历是本科的体育教师经过不断学习取得硕士研究生学历,这对他们未来教学以及科研都有积极作用,这能够有效缓解我国高校体育教师整体学历较低的情况。我国各个高校应当把提升青年教师学历水平作为师资管理内容中的重要部分。

4. 学生对篮球教师教学能力的评价

调查教师能力显示,有将近50%的学生觉得教师在技术、战术、裁判理论、实践水平四方面的表现比较一般,还有将近五分之一的学生不满意教师这四方面的现有水平。在篮球教师组织练习能力方面,大约三分之一学生做出比较一般的评价。在现阶段,我国各高校采用选项教学的学校相对较多,采用分层教学的学校寥寥无几。虽然学生一般都能自主地选择喜欢的体育项目,但是学生的篮球运动水平却是大不相同。因此,在安排教学内容的过程中,设计时必须深入考虑学生间客观存在的个体差异。学生对篮球课由此的益处并没有高度认可和践行,有很多学生对篮球课产生的益处存在异议。从高校的学校领导那里得知,很多篮球运动任课教师原本并不是篮球专业,部分篮球教师只是掌握基础性的篮球技术和战术,有些教师还没有参与过篮球比赛。尽管高校体育并非要求学生掌握篮球相关的内容进而打赢比赛,但是篮球教师能够灵活应用篮球运动的技术和战术是十分必要的。在身体和心理都真正感受的情况下,方可真切体会篮球运动的趣味性,而不是简单地将篮球运动看作很多个技战术动作。

5. 学生对篮球教师教学态度的评价

经过调查高校学生对篮球教师态度认真程度后显示,一般与不满意这两种评价比较高,同时非常不满意的学生并不少。调查高校学生对篮球教师认真生动程度后显示,觉得一般和不满意的学生数量超过一半。在篮球运动教学实践活动中,尽管很多教师做到了上课认真,但是教学组织方式比较乏味,让学生感受不到篮球课的趣味性。体育课应当适当让学生体会到"成功"带来的感受,并非一直让学生感受挫败感,学校体育的一个目标是让学生对学生生活更加自信,所以,教师在恰当时机向学生提出正确评价是十分重要的。大约有三分之一的学生不满意篮球教师时常向他们提供的正确评价。

作为一名教师做到态度认真是基本要求,态度对学生是否尊重教师、教师是否全身心投入到体育职业中、学生能不能在教学活动中受益都有决定性作用。体育教师需要自始至终都让其态度处于认真状态,偶尔认真或向来不认真都是不对的。不管学生之间的运动技能水平存在多大差距,都要做到平等对待所有学生,始终遵循因材施教原则,对所有参与篮球运动的学生都投入关怀,这不但是每位篮球教师的职责所在,而且反映了内在的价值观。篮球课生动程度常常和教师对课堂的驾驭水平存在密切联系,是构成教师职业素质的一个关键环节。但需要说明的是,只具备能力也无法将全部体育课都上好,课前备课环节和设计环节同样能够反映出教师对工作是否认真。除此之外,耐心指导学生,同样和篮球教师认真态度有密不可分的联系。对学生做出合理评价,能够体现出教师洞察问题的水平。篮球教师正确评价所有学生,在恰当时机正确引导学生,有可能会对学生参与篮球运动的积极性产生作用。经过调查显示,篮球教师正确评价学生实际能力在教学过程中没有明显反映出来,学生难以体会到教师对自己的认可,无疑这也和学生数量较多等原因有密切联系。

勤能补拙,体育教师认真的态度可以对他在运动技能方面的劣势进行弥补。当教师认真研究教学教法,对学生心理有比较准确的把握,能够耐心指导所有学生,则往往可以在教学上获得很大进步。

(二)普通高等院校篮球设施调查与研究

经过调查显示,绝大多数师生对学校篮球设施数量持满意态度,但大约有四分之一的师生认为篮球设施数量和实际教学需求存在较大差距。《全国普通高等学校体育教学指导纲要》指出,学校应当严格按照教育部对普通高等学校在场馆设置、器材配备目录以及其他方面的详细规定,以此为依据来进行规划与建设,充分满足体育课程的各项需求,通过多种手段来增加体育场馆和设施的开放时长,使得所有体育设施利用率得到大幅度提升。

通过体育设施质量显示,有三分之一的师生对设施质量持满意态度,这主要反映在场地制造材料以及篮球器材两方面。了解普通高等学校体育场馆设施和器材配备目录可知,要求高校篮球场地材料应当是塑胶与沥青,但许多学校篮球场地依然没有达到要求,这种情况导致篮球场地的安全性能和空间利用率都存在很大隐患,对学生掌握动作技能有消极影响。与此同时,篮球场地与设施的常年失修问题同样很严重,难以保证学生锻炼环境的安全性和舒适性。通过调查还发现,高校的师生对篮球场地周边环境比较满意,这反映出篮球设施建设过程中将师生主体感受考虑在内。在安排篮球场地位置时,最佳选择是学生宿舍区的周边,这样能够缩短学生前往运动场的距离,为学生更换衣服提供方便。除此之外,篮球场应当选在避风、行人方便观看的位置,不仅对篮球运动顺利完成有积极作用,而且对大范围宣传篮球运动也有积极作用。

五、高校篮球课程评价状况的调查与分析

(一)学生对篮球学习的评价

在普通高校中,学生需要掌握的篮球运动评价内容,包括参与篮球运动的态度、篮球专项技能、体能体质健康、篮球运动知识、体育进步程度、情意反映、团队协作精神。尽管有些学校具备多样化的体育学习评价内容,认真贯彻了《全国普通高等学校体育教学指导纲要》精神,但依旧将终结性评价当成主要内容,忽视了过程性评价的作用。由分析评价方式可知,当前依旧将教师测评作为主要内容,一些学校只是在专项测评时会组织加入评价过程。学生篮球学习评价,是构成体育教学评价的一个环节,是一般评价活动在体育教学领域中的反映,其往往以实现设定的体育教学目标作为根据,通过正确的技术与评价方法,测量、分析、比较体育教学活动的整个过程以及最终结果,同时做

出价值判断。

对于体育教学而言,体育教学评价属于一个关键部分。体育教学的评价内容和评价方式,对体育教学观念与导向有直接性作用,对学生进步程度和发展状况有重要影响,对体育教学目标最终完成情况有影响。当前普通高校体育教学评价模式存在的偏差比较大,在评价内容、评价工具、评价方法上都存在单一问题,体育教学评价理念等方面的不合理和单一化问题存在密切关联。原本应当向体育教学工作提供合理导向、服务以及激励功能的体育教学评价,却对体育教学改革产生了很大束缚,这将不利于实施素质教育和体育教学目标。除此之外,还不利于维护学生的自尊心与自信心,不利于调动学生参与体育学习的主动性,对学生在体育学习上取得进步有制约作用,从浅层次上看很客观,但从本质来说则有失公平。

就评价方面来说,篮球教学过程中反映出的问题有:评价内容没有兼顾全局;将定量评价和终结性评价、绝对评价摆在过于重要的位置;忽视了定性评价和过程性评价的重要意义;没有深入分析评价过程中的个体差异与进步程度,将教师评价摆在了太高位置,没有认真组织和实施自我评价与相互评价。现代体育观已经逐步从单方面培养学生学习技能过渡到多方面培育和提升学生整体素质,已经由单一化的生物观念逐步过渡到生理、心理以及社会三个维度。高校体育不但承担着使学生身体素质提升、心理状态得到有效调节的任务,同时还需为学生未来融入社会、达到个体社会化不断努力。《全国普通高等学校体育教育指导纲要》在学生课程评价方面指出,学生学习效果评价与学生学习过程评价应当是学生的学习评价的主要内容,常见内容有体能和运动技能、认知、学习态度和行为、交往和协作意识、情意表现等,采用学生自评、学生互评、教师评定等多种途径来开展。评价过程中应当达到淡化甄别、选拔、强化发展的功能,在评价内容中加入学生进步幅度。

从很早开始,我国高校体育教学就将甄别和选拔摆在十分重要的位置,体育课程评价过程中尤为偏重甄别和选拔,同时把课内体育技能摆在极为重要的位置。在考核学生理论掌握情况以及实际身体素质时,往往将评价体育成绩的标准设定为跑得快慢、投得远近等。素质教育十分重视以人为本,指出要将被教育对象设定为所有学生,通过竞技体育评价体系来判定所有学生必然无法实现全面。在现阶段,体育课类型已经从之前的普通课逐步转变为选项课和俱乐部课型,课的类型越来越多,评价内容涉及内容越来越广泛。具体来说,就是数量有限的高校教师对存在个体差异的学生使用不同标准,评分时以态度和进步程度为根据,但绝大部分高校教师依旧把主要评价内容设定为运动技能评价,运用"结构考核和综合评分"的方法,将出勤率、理论水平、各项素质等作为综合评价学生体育成绩的因素,没有将参与程度、体育意识等因素考虑在内,同时,课外体育活动没有被列入评价内容中。但是,课外体育活动能够有效提升学生体育水平,使学生逐步产生兴趣,让学生凭借自身意愿来选择出运动项目,大幅度提升体育技能,使学生逐步形成积极参与运动的良好习惯。由此可知,要想推动体育课程评价内容朝着全方位的方向发展,需要对学生的体育态度评价、情感评价、价值观评价投入更多注意力,把课外体育活动添加到评价内容中,使以往评价内容单一化问题得到有效改善,深入认识和发挥情感学习目标的重要意义。

(二)篮球教师的教学评价

专业素质、教学水平、教学工作量、科研水平是普通高校评价教师的主要内容。在可操作性的束缚下,绝大部分学校评价过程中只涉及教学工作量评价以及科研水平评价。同行专家评价是常见评价途径。

对于篮球教学活动而言,篮球教师是一项关键组成因素,篮球教师在篮球教学活动中发挥主导性作用。当教学评价体系的科学性和有效性得到保障后,往往能有效调动篮球教师对教学和科研的主动性,对有序完成整个教学活动有积极影响。当教学评价体系的科学性和有效性无法得到保障时,必然会对教师主动投身教学活动产生消极影响,对篮球教学活动顺利完成产生负面影响,最终将阻碍学校体育改革的推进。《全国普通高等学校体育教学指导纲要》中指出,教师业务素养和课堂教学是教师教学评价的主要内容,通常可以借助同行专家评议、教师自评以及学生评价来开展。

课堂教学评价是指评价教师的教学过程和教学效果。对于课堂教学评价而言,不但要评价教学全过程,而且要对教学活动的有效性进行重点分析,换句话说就是着重评价教学活动对达到教学目标的有效性。在现阶段,我国各个高校在评价体育教师课堂教学时,将体育教师教学工作表现放在尤为突出的位置,没有意识到课堂教学氛围、学生学习情绪、学生学习主动性、师生间交流的重要作用。所以说,就体育教师课堂教学评价而言,重点评价学生在学习过程中的各项反映、学生学习前和学习后产生的变化是需要高度重视的方面。

领导与同行往往是评价主体,没有重点应用学生评价以及教师自评的可行性,很久以来我国在教育方面都实施相对统一的行政管理体制,在集中统一的性质管理体制的作用下,使得领导意志成为体育教师教学评价结果好坏的决定性因素,领导具体包括教导处或教研室主任。尽管"个人总结、群众评议、领导鉴定相结合"是常见模式,然而实际教学活动中并没有考虑体育教师的想法和观点,另外,也没有安排学生加入评价活动中。体育教师人际关系以及领导是否欣赏教师成为评价结果的主要原因,整个评价过程的主观性极为突出,最终必然会导致体育教师教学评价逐步演变成看分数看人的机械量化过程,对高校体育教师的有效发展产生负面作用。由此可知,在大力改革体育教学的情况下,改革体育教师教学评价是一项急需完成的任务。

第二节　学校篮球运动训练发展现状

一、学生现状分析

学生在训练过程中占据主体位置,学生参与篮球训练的主动性对训练成效有积极影响,不管是和运动训练相关的理论和设计,还是和运动训练相关的计划和方案,均需要通过学生生理机能与心理技能来进一步优化,使学生体能、技能、智能以及心理能力得到大幅度提升,在学生参与竞赛并创造出优异运动成绩的情况下实施,倘若学生没有做到主动参与训练,则训练效果将无从谈起。由此可知,对于学校篮球运动训练来说,全面了解学生现状是极为必要的。

(一)学生训练动机分析

促使学生参与体育学习和身体健康活动的内部心理动因,即运动动机。分析学生参与篮球训练活动的实际情况可知,一些学生可以积极参与篮球运动训练,还有一些学生无法积极参与篮球运动训练。就参与篮球训练的学生来说,很多学生对对抗性训练方式感兴趣,但部分学生排斥对抗性训练方式。学生反映出的差异性和运动动机存在着紧密的关系。因此,准确掌握学生内部心理动因,增加学生参与篮球运动训练的动机,就可以制订出行之有效的训练方案,为学生运动成绩的提升打下理论基础。

通过调查显示,学生参与篮球运动训练的主要动机是兴趣爱好和通过参与篮球运动来更好地就业。传统学校学生参与篮球运动训练的主要动机是兴趣爱好以及考试加分,这两种训练动机的作用下构成了学校篮球运动员的来源。在深入调查和比较两种院校的篮球运动员后发现,大部分学生成为运动队一员是受家庭教育和亲人、朋友的影响,想表现自身能力或想由此成为名人的数量较少。

由此可知,在培育运动员或制订训练计划的过程中,必须准确掌握学生训练动机并把其考虑在内,准确抓住学生的兴趣爱好,如此学生往往能对训练活动持主动态度,拼尽全力来达到内心目标,最终使训练效果达到预期目标。只有学生将训练视为个人爱好以及努力目标时,方可以认真完成训练,在坚持不懈的努力后具备较高的篮球运动水平。

(二)学生身高体重情况分析

对于所有运动来说,都需要运动员身体素质处在良好状态。对于所有高水平运动员来说,一定都具备良好身体素质,原因在于其是赢得优异成绩的底牌。篮球运动特性对选拔运动员有决定性作用,在体育运动持续发展的背景下,篮球运动员需要达到的身体素质越来越高。无高不篮球,21世纪的现代篮球竞技比赛无可非议地将继续是巨人群体展开的大拼搏,参与篮球竞赛的运动员必须通过身高优势、体重优势、力量优势以及技巧优势来制空,篮球运动特征是出现该现象的决定性因素,不高无优势已经成为篮球竞赛的客观事实。

为全方位掌握参与篮球运动训练的学生在训练方面的实际情况,对实际情况有更加清晰的认识,对我国篮球运动发展发挥积极影响,全面深入地剖析参与篮球运动训练学生的身高和体重等信息变得十分重要。经过调查和统计显示,参与学校篮球运动训练的男学生整体身高和体重处于良好状态,整体身体素质比较好。

(三)学生学习成绩与学习态度分析

我国各个学校在积极培养篮球运动后备人才的同时,也对参与篮球运动训练的学生学习文化课程的情况投入了很多精力。在我国当前教育体制的作用下,篮球运动员的整体素质必须达到更好的要求,特别是当前篮球运动发展的高潮期。培养学生时注重品德和能力的双重发展;管理体系方面,把教学、训练以及科研充分融入在一起,十分重视训练和学习的有机统一。当前,很多跨专业文化渗透在体育领域,对体育发展发挥了十分重要的作用,体育领域衍生出了许多和体育存在联系的学科,使得未来体育发展出现了很多崭新方向,同时在某种程度上缓解了运动员以及体育专业学生的就业压力。对于参与篮球运动训练的所有学生来说,学习态度和学生成绩有紧密联系,对学生能否在学习上有更大进步有决定性作用。对于处在人生重要阶段的学生来说,该阶段形成的学习态度对学生终身都有难以磨灭的影响。因此,有必要准确把握学生对学习的具体态度和学习过程中存在的具体问题。倘若学校和教练员只重视训练成绩以及实际效果,忽视对学生的文化教育,则会对学生实现全面发展产生负面影响。

从本质来说,态度属于无法观察到的一种假设结构,一定要对客体做出积极评价结果或消极评价结果后方可加以测量。简单来说,学习态度就是指在学习方面持有的观点以及实施的行动,通常由思想认知、在学习方面的情感以及日常行为组成。思想方面的认知是指对需要学习的知识应当持有健康向上的思想;在学习方面的情感是指在学习上的心理反应;日常行为反映在很多方面,如出勤率和自觉性等。通过学生完成课前预习和课后作业等方面的实际情况,能够直接了解到学生对文化课程的学习态度。

预习是指先行认知过程,具体就是学生在课前提前阅读将要学习的内容,掌握所学内容的大概,对所学内容形成大体认识,预习的实际效果对学生能否深入掌握知识具有重要作用。经过调查发现,每次课前都会预习的学生十分有限,在参与篮球运动训练的学生不重视预习的情况下,很多学生对学习的主动性不强,学生对学习目标和学习计划比较盲目。

因为学生对新知识的掌握程度不深,所以导致学生在大脑中难以构建出十分紧密的联系,同时出现自然消退的可能性比较大,坚持及时复习往往能够对学生巩固所学知识有积极作用。倘若不能在最佳时间内有效复习相关知识,逐步遗忘的可能性将会增大。但是,调查发现能够做到及时复习的学生十分有限。在未能科学遵循知识构建框架的情况下完成规律性复习,导致许多学生常常会遗忘学习过的知识,知识构架的稳固性比较差,学完新知识后常常会出现遗忘,随着时间推移,最终常常只能获得一些简单知识。

作业是检验学生掌握所学知识的重要标准。调查发现,可以独立完成作业的学生不足二分之一。因为学生自律性比较差,没有认真完成课前预习和课后复习,同时在训练任务繁重以及比赛压力较大的情况下,导致学生的身体无法获得足够休息,学生难以全身心地投入到学习中,进而使得不能独立完成作业的学生数量比较多,在学习效率、学习质量、学习方法上不能实现预期效果和预期目标。综合分析参与篮球运动训练的学生发现,还有一些学生的学习积极性需进一步增强,在学习方面的态度还有待端正。在将学生对自己制订的实际要求、勤奋程度、上课认真程度、做作业的积极性进行为期一个月的记录后发现,学习态度和学习成绩之间存在正相关关系。

(四)学生运动等级情况分析

学生个人运动能力对比赛结果和球队总体氛围有正面作用。通常在球队中,领队都会是比赛经验较多、运动等级较高的实力派队员,只有这样他们才能带领球队在整个比赛过程中发挥出球队已经具备的水平。但在"奖牌模式"的训练管理机制以及升学压力和就业压力都很大的情况下,学生常常会牺牲掌握其他技能的时间。该现象在体校学生中表现得最为明显,有很多体校学生因为学习成绩不理想、运动水平一般,而将篮球运动训练舍弃掉。

在学生年龄不断增大的情况下,往往会在成长过程中表现出过度重视运动等级与运动能力的提升幅度。分析调查结果显示,专业体育院校的运动员在等级方面比传统院校高出很多。然而,

第二章 学校篮球运动教学与训练的发展现状

在年龄不断增长、学习压力和就业压力不断加大的情况下,学生自我意识逐步完善,很多处在15—18岁的体校运动员会大量流失,有些情况下还会出现断层问题,流失的运动员中不乏发展空间较大的队员,但在升学压力与就业压力的双重作用下未能顺利进入二线篮球队,最终不得不舍弃篮球运动训练,由此产生篮球人才浪费的问题。和体校相比,传统体育院校的实际状况要好一些,尽管培养出的运动员运动等级比较低,但参与篮球运动训练的学生数量处在增加状态。出现该现象的重要因素是:很多不是体育生的学生为增加高考分数,往往会选择半路开始参与篮球运动训练,想要利用体育生的身份来参加高考,取得增加高考分数的特殊权利,这些学生在篮球技术方面常常相对普通,运动基础不够扎实。

(五)学生升学与输送情况分析

从全局分析,我国高水平篮球运动员后备人才的常见生源是各个中学学生以及体校学生。随着各级政府以及体协对篮球运动越来越重视,学生参与篮球运动专业训练的开始时间越来越早,参与训练时间不断增长,另外,在经费、器材以及课余时间越来越充足的情况下,可供学生参与的篮球运动比赛场次的数量也在不断增加。

对于参与篮球运动训练的学生来说,文化成绩与运动能力都会对其能否升学或进入更高层次的队伍参与训练有直接性作用。我国各高校体育院系招收高水平运动员的基本条件是:必须为国家二级运动员(及以上)证书,且必须在高中阶段有省市级以上比赛中获得成绩的运动员。分析现阶段青少年学生输出现状发现,大多数学生会选择普通高考,可以顺利进入更高一级运动队参与训练的学生比较少见。

据一项对参与篮球运动训练的学生的调查显示,大约有二分之一学生对未来持有的希望比较小,担心与忧郁充斥在内心世界中,原因在于无法继续参与专业的篮球运动训练、无法顺利升学、就业压力很大;大约有三分之一学生表明没有对未来充满担忧,同时还有一些学生对未来充满迷茫。只有三分之一学生就业压力比较小,很多学生并未对未来就业和个人问题持有乐观态度。和参训学生进行深度沟通后发现,许多学生产生担忧情绪的主要因素包括自身前途、家庭环境、社会压力、父母社会地位等。与家庭条件和父母社会地位都比较差的学生相比,在家庭条件和父母社会地位两方面占有优势的学生担忧程度比较低。

调查显示,在我国各地参与篮球运动训练的学生主要来自本地。出现这一现象的主要原因是:教练员和体委更加倾向于本地学生,也不想让发展潜力比较大的学生流失,因为比赛过程中有明显的功利性,所以导致某些高水平的学生无法被输送到训练成效更好的地方。教练员不仅使高水平学生留在本地,还指导学生利用外援身份来帮助其他篮球队打比赛,进而获得一些利益,以此有效调动本地培养单位的动力和积极性,从而让高水平的参训学生留在本地,无法被及时输送到其他省份。除此之外,当前许多省市的"竞赛制度"中明确规定,非本地户口或办理户口时间不超过三年的运动员无法参与省市举办的篮球比赛,这使得许多高水平参训学生无法走出去,无法在其他省份参与篮球运动训练。

二、教练员现状分析

(一)教练员从业年限情况分析

就整个运动团队来说,倘若将运动员视为核心,则教练员不但是核心的标杆,而且发挥着主导性作用。教练员是从开始而慢慢贯穿过程直至最后的设计者、组织者以及领导者。要想成为一名合格且综合水平较高的教练员,不但要保证教学成效,对学生训练过程进行指导,也需要高效完成运动员以及整个运动团体的思想工作,具体包括怎样促使学生制订出理想目标、通过哪种方式来确定技术目标、采用哪种方法来提升科学理论文化水平、怎样在道德纪律方面始终做到严于律己等,这些方面均需要教练员开展科学引导和教授。教练员是否拥有丰富经验,通常和从业执教年限存在正比关系。毋庸置疑的是,教练员从业年限会直接反映在执教经验方面,在经验丰富的情况下往往能帮助运动员和教练员战胜不同类型的困难,有效降低走弯路的可能性,对训练的全过程都有积极作用。调查和分析我国中学教练员从业执教年限发现,从业5年以下、从业6~10年、从业11~15年、从业15年以上的教师数量呈现出了下降趋势,从业5年以下的教练员比例最大。

调查教练员从业年限发现,很多篮球训练教练员均毕业于我国各个大学或专业体育院校,然后在学校承担体育教师工作,最后才参与到与篮球运动训练有关的工作中来。担任体育教师往往可以累积一些教学经验,但显然是比较有限的,专业篮球训练经验还有待进一步充实,自身经验可能来源于以前学校教练对自己的训练,只是完全照搬过来加以运用,有些方法可能是几年前推广的,有些方法可能已经被淘汰,当前已经不再使用。换句话说,教练员从业经验是一把双刃剑,合理运用自身训练经验能够对学生运动水平的提升产生积极作用,但这些训练经验有时会对教练员自我提升产生阻碍作用,和"吃老本"表达的意思比较相似,即只是单方面使用过去的思想或手段,未能积极接受新鲜事物来进一步提升自己。所有事情都存在两面性,同时存在优点和缺点,怎样运用以及怎样扬长避短是重中之重。因此,教练员需要在现有基础上,主动借鉴和吸收崭新的理论知识以及训练方法,在实践学习方面投入更多精力,从而使自身训练水平得到大幅度提升。

(二)教练员运动经历情况分析

所有高水平教练员都有区别于他人的特点,原因在于所有教练员的性格和经历对其训练风格有决定性作用。例如,一些运动员的综合素质比较高,但不一定能够成为优秀教练员。很多训练机构或学校在招聘教练员时,往往会提出的一项要求是,一定要具备有关运动员经历,由此可知拥有运动员经历的教练员更容易找到心仪的工作。对用人单位的要求展开分析,既然他们提出这样一项要求,表明有运动员经历的教练员说服力更强一些,原因在于教练员亲身体验过相关运动的训练过程,可以更加深刻地理解运动员或学生的内心想法。

所有高水平教练员均拥有与众不同的教学风格、教学手段以及训练方法,教练员选择的教学内容和教学方法,往往和教练员之前经历的学习存在紧密联系。但不管从哪个角度来说,教练员都需要充分发挥学生的内在潜力,或者使整个团队形成强大凝聚力,具有和谐友好的团队氛围、疏解参训学生的各项压力,使组织始终处于稳定的发展状态,最终在运动比赛中赢得胜利。教练员应当时刻要求自己谦虚谨慎,主动发现学生的长处并积极学习,进而进一步充实训练经验,由于教练员也经历过相关项目的运动训练,所以应当设身处地为队员着想,主动去了解学生的看法。因为许多训练方法均来自运动员,所以在了解和分析理解水平较低的运动员时,常常可以促使教练员采取崭新的训练方法,和理解水平较高的运动员交流则能够促使教练员及时更新现有的训练方法,将崭新的创新思想收为己用,避免自身跟不上时代步伐。这是高水平教练员应当具备的共性。

毋庸置疑,高水平教练员的运动训练经历促使他们能够科学地利用学生在训练和比赛过程中出现的运动负荷变化以及各项技战术,能够深入理解缓解运动员心理压力等各项措施的必要性,有运动员经历的教练员能更加有效地指导学生参与篮球运动训练。在专业化特征、正规化特征以及系统化特征越来越凸显的当前,倘若篮球运动训练缺乏正规性、规律性以及专业性,则无法有效提升所有参训学生的综合水平,推动学生获得优异运动成绩更是无从谈起。

据对我国学校篮球运动队的相关调查显示,64名教练员中有运动员经历的共有21名,其中3人有国家队训练经历占4.7%,

省队经历的有 6 人占 9.4％,12 人有市级运动员经历占 18.6％,其余 43 人均来自各大中专院校占 67％,由此可见,大部分教练员没有运动员经历。其中教练员的常见来源是:第一,在专业训练队退役后的运动员从事教练员工作;第二,毕业于我国各个大学或体育专门院校的教练员。这两种来源的教练员都有自己的优势,来自训练队的教练员在实践运动水平方面占优势,毕业于院校的教练员在理论知识上占优势,但实际训练经验相对不足,怎样使这两种来源的教练员实现互补,需要进行深入思考。

(三)教练员竞赛经历和岗位培训情况分析

对于合格且优秀的教练员来说,他们可能不具备专业运动员经历,但应当具备丰富的体育竞赛经历,教练员竞赛经历是自身运动能力以及技术层次的具体反映。运动训练作为现阶段竞技体育的重要构成部分,当然必须将崭新的以赛带练方法考虑在内,这同样是构成运动训练的一个重要环节。对于以练带赛和以赛带练来说,终极目标均为提高学生实际水平,促使学生最终获得优异运动成绩。具备竞赛经历的教练员,能够凭借自身竞赛经历来做到有效总结与借鉴,向学生或运动员提供切实有效的赛前、赛中、赛后训练计划,保证训练计划的合理性,密切联系学生的实际身体素质来开展针对性练习,同时在比赛过程中给出合理的指导和布局安排。具备竞赛经历的教练员能够更加准确地把握参训学生的心理状况变化,在恰当时间开导学生,促使学生用最短时间调整自身心理状态,全身心地参与学校篮球运动训练。不具备竞赛经历的教练员则无法联系实际情况来做出合理调整,切实有效地指导学生更是无从谈起,同时把控整个运动队在比赛中出现的所有状况的难度将会大大提高。统计调查状况显示,大多数教练员均具备对应的比赛经历,但参与过省级以上大赛的教练员数量比较有限。竞赛经历比较丰富的教练员往往积累了很多实战经验,将这些实战经验应用在比赛和训练中往往能够对学生获得优异运动成绩产生积极作用,但教练员的实际操作应用是决定性因素。

(四)教练员待遇情况分析

高水平教练员必须拥有七大要素,分别是:坚定信念;清晰目标;合理方法;有效创新;内省;平和、宽容、乐观、耐心、坚持;信任自己、彼此信任。众所周知,要想成为优秀教练员必须拥有远大抱负,制订出操作性强的短期目标和长期目标,人们常常会在自身理想的作用下而变得更加坚韧,同时不断为理想而奋斗,大胆挑战自己的极限。在最艰难的情况下坚持不懈,在战胜困难后更加肯定自己,促使自己的内心更加强大,并且更加积极地应对未来可能出现的困难。对于所有竞技体育和有关体育项目人才的培养工作,均存在特定周期性以及规律性,同时周期往往比较长,难度也比较大,一般在短时间内甚至一两年内无法看出取得的效果,由此可知教练员的工作属于比较漫长的过程,往往会在整个过程中遭遇许多困难。经过漫长的乏味训练后,教练员和学生均想要取得预期成绩,但最终结果往往是难以预料的,倘若学生在比赛前出现运动伤病等问题,则会让长期的付出化为乌有,这充分反映了竞技体育的残酷。因此,教练员必须具备为篮球训练事业献身的坚定信念,必须具备坚不可摧的事业心、责任心以及内心信念。

我国大多数中学的篮球教练员往往由本校的体育教师担任,即这些教练员不但要高质量完成每天的体育课时量,同时需要承担学校篮球队训练的相关工作,这些教练员的工作量很大。然而,很多学校并没有对教师额外工作给出应有的补贴和训练费,在实际待遇较低的情况下,对教练员工作热情产生了很大的负面影响,辛苦工作难以获得应有的回报,导致教练员难以将所有精力都放在学校篮球运动训练中,丧失动力源泉后必然会无法全身心投入到相关工作中,难以取得预期成绩也成为一种必然,整个过程属于一种连锁反应。调查教练员对工资待遇满意程度发现,3.1%认为非常满意,18.8%认为比较满意,43.8%的人认为一般,23.4%认为不太满意,11%认为非常不满意。教练员肩负着体育课任务以及课后训练任务,但补贴待遇和付出努力不是正比关系,学校没有维护教练员这方面的利益,同时,一些学校对教练员的补助和其他文化课老师之间的差距较大,这些方面的不公平待遇都会对教练员工作主动性产生很大负面影响。对于教练员待遇方面的问题,可以对教练员实施奖惩制度。例如,篮球队比赛成绩、教练员在训练过程中的态度、工作考核、人才输送等;学校需要安排充足的训练经费,进而对参与篮球运动训练的教练员与学生产生激励作用,使教练员和学生的主动性大幅度提升,推动教练员更加主动地参与到学校篮球运动训练中。

第三节 影响学校篮球运动教学与训练发展的因素

针对学校篮球运动教学和训练的现状,结合其他学者在学校篮球运动教学和训练方面的研究成果,科学筛选出影响学校篮球运动教学与训练发展的因素,即:教师的基本情况、学校领导态度、篮球场地设施、校园体育文化氛围、训练过程中的学训矛盾、学生参赛次数是主要影响因素。

一、教师的基本情况

教师的基本情况主要有:教师教学水平、专项业务能力、所用教学方法、对学生的引导、教学内容的具体选择。学生掌握篮球运动技战术往往是通过教师课堂教学获得,教师的业务水平、教学水平、选取的教学内容均会对学生掌握篮球技术的实际情况产生直接性作用,同时,学生对运动项目的喜爱程度也会受到影响,学生对教师整体评价往往也是从这几方面展开的,在此基础上对课程形成整体评价与认识。经过调查发现,超过一半的学生觉得自身的篮球运动水平受教师教学水平以及业务水平的影响,特别是教师业务水平被学生接受的难度比较小,会对学生是否参与篮球训练产生重要影响。教师在篮球课上引导学生,是学生能否形成终身体育锻炼意识的一个重要部分。

二、学校领导的态度

不管是哪种运动项目,实际发展都和资金投入存在无法割舍的关系,所以当学校领导重视运动项目发展时,必然会加大对运动项目场馆设施以及器材设备的投入力度,向学生参与运动项目提供优质的条件,推动学生从参与运动过渡到享受运动,对学生喜爱该运动项目发挥积极作用,这符合当代学生生活方式以及心理需求。

三、篮球场地设施

篮球场地设施和学生参与篮球运动的积极性存在着一定关联,具备良好条件的篮球场地能够有效激发学生参与篮球运动的积极性。经过调查发现,超过64%的学生觉得篮球场地设施对自身参与篮球运动的兴趣有不容忽视的作用。

四、校园体育文化氛围

校园文化建设是构建和谐校园的一个关键环节,是促使学校实现繁荣和稳定的有效策略。对于校园文化建设而言,校园体育文化建设是一项关键内容,在培养学生集体荣誉感、团结协作精神、较高身体素质方面具有重要意义。篮球运动是我国各级学校群众基础相对扎实的一项运动项目,能够促使校园文化活动更加活跃,对广大学生的吸引力比较大。因此,创造出活跃的校园体育文化氛围,对学校篮球运动教学与训练发展具有积极作用。

五、篮球运动训练中存在的学训矛盾

通过分析发现,体育运动训练一定会影响文化学习是很多人一直持有的观念。但事实上,很多时候学生文化学习似乎会受到运动训练的制约,导致学生文化学习和运动训练之间出现矛盾,因为在文化学习和运动训练两方面都达到极高水平的人很少。对于市体校的篮球运动员来说,学习文化知识的时间更加短暂,而篮球传统学校的运动员还拥有和普通学生一样的学习时间。在竞技运动特殊性的影响下,造成参与篮球运动的学生常常会在最佳吸收知识的阶段,被迫舍弃一项,专业运动员常常不得不和大型体育赛事以及奖牌联系在一起。参与学校篮球运动训练的学生,在完成大强度训练之后,常常无法沉下心来学习文化知识,学训间的矛盾由此产生。

随着参与篮球运动的学生年龄越来越大,学生需要承受的运动训练强度持续增加,同时,文化学习的任务会越来越繁重,进而出现"鱼与熊掌不能兼得"的问题。这一问题在中学阶段表现得最明显,应对繁重的学习任务以及大任务量的训练,学生必须要做出选择。然而,美籍华裔球员林书豪凭借优异成绩与篮球特长被哈佛大学录取的事实给出了很好的答案,即对于篮球运动发展潜力大且学业保持优秀的运动员或学生来说,平衡好文化学习和运动训练的关系,是最好的解决方法。

六、学生参赛次数少且水平不高

在现代体育中,以赛带练已经成为一项重要训练方法。比赛是检验运动员训练成效最为直观的方法,增加参与比赛的次数就能够促使运动员累积更加丰富实战经验,在实际比赛过程中可以有效提升运动员的运动水平,在竞争激烈的实战过程中不但可以激发运动员的主动性,而且能有效调动运动员已经具备的技能与体能。

  经过分析比较传统院校与体校的比赛次数发现,传统院校每年的比赛场次在 10～20 场的占 63%,在 20 场以上的比例仅占 12%,相比之下,体校每年运动队的比赛场次在 20 次以上的占 47%,明显比传统院校多很多。

  比赛经验较少是影响学校篮球队提升水平的一项重要原因。由于参与篮球运动训练的学生参赛次数比较少,使得学生没有丰富的实战经验,进而难以在比赛过程中出现突发状况的情况下做到有效调整,具体包括技战术配合、运动员比赛过程中心理状态的调整等。由此可知,要想推动学校篮球运动教学与训练发展,必须促使学生积累丰富的比赛经验,而以赛带练无疑是一个很好的方法,不但能够为未来不同类型的大型赛事打下坚实基础,而且能够使学生在比赛中形成默契,使整个球队的水平获得大幅度提升。

第三章　学校篮球运动教学的基本理论

篮球教学同其他运动项目教学一样,也需要有一定的基本理论作为基础和指导。体育项目教育由于是以身体练习作为基础,因此与其他学科教学有着很大的区别,篮球运动教学同样如此。本章就篮球运动教学的基本理论进行研究,内容包括篮球教学的任务和内容、教学文件的制订、教学课的组织与实施、教学课的实践指导以及现代篮球教学理念的应用等。

第一节　学校篮球教学的任务与内容

一、篮球教学的主要任务

(一)发展学生的身体素质与心理素质

篮球运动要求练习者要具备良好的跑、跳、投等多项运动技能,而在所有的体育运动中,身体素质都是重要的物质基础。通过参与篮球运动学习能够使学生身心得以活跃,促进学生身体得以正常的发育,并对学生的意志品质进行培养,从而实现身体和心理素质得以提高的目的。学生具有较高的运动素质能够为技术和战术学习的顺利完成提供强有力的保证。由此可见,篮球教学的重要任务之一就是促进学生身体的力量、速度、弹跳、耐力、柔韧、灵敏等素质的发展。

(二)提高学生的篮球基本理论知识与篮球技战术水平

篮球教学包括三方面的内容,分别是理论、技术和战术。理论知识的学习能够为技术和战术的掌握提供重要的依据,这就要求在篮球教学中,既要使学生进行篮球技术和战术的相关学习,同时还要加强有关理论知识的传授。以上三方面内容是相互统一、相同作用的整体,在篮球教学中要给予同样的重视,不能忽视任何一方面的学习。

(三)贯彻素质教育,培养正确的世界观

篮球教学是一个完整的对优秀篮球人才进行培养的教育过程,因此在篮球教学中要融入思想教育、集体主义、道德品质和文化修养教育,同时还要根据篮球运动的特征来对学生的敢于斗争、勇于斗争的作风,顽强的意志以及力争胜利的精神进行培养。

(四)培养学生的创新能力

在具体的篮球教学中,教师还要对学生的创新能力加以培养。篮球运动是一种创造性的活动,运动篮球技战术需要具备相应的多变性、复杂性以及需要随机应变的能力,篮球运动所具有的多元组合性、时空对抗性、集约性等特点有助于对学生的创新能力和应用能力进行培养。

二、篮球教学的主要内容

篮球教学内容包含很多方面,对于不同的教学目标,不同层次的教学对象,应采用不同的教学内容。篮球教学侧重于使学生掌握基本理论知识、技术动作以及战术配合等方面,是一个由不会到会的过程。篮球教学的主要内容包括以下三个方面:

(一)基本理论知识

通过篮球基本理论知识的科学指导,能够更好地参与篮球运

动活动。篮球运动的基本理论包括教学与训练理论、规则与裁判、技战术分析、竞赛组织等方面,以上这些理论知识共同构成了篮球运动的学科体系。

(二)技术动作

作为篮球教学的主要内容之一,篮球技术动作主要包括动作名称、动作要领和方法、技术规格以及技术的具体运用等内容。在篮球教学中,要对动作的规范性进行着重强调,以为学生篮球运动技能的进一步提高奠定基础。

(三)战术配合

篮球运动的集体对抗性等特点决定了队员之间的协调配合是篮球竞赛的重要手段。由此可见,在篮球教学中,篮球战术配合也是其重要的内容。篮球战术配合主要包括两三人的基础配合以及整体配合等。在篮球战术配合中,要促使学生了解和掌握人与球移动的路线、运用时机、攻击点以及变化等,同时,还要对学生的配合意识加以培养,以保证学生在比赛实践中能够灵活运用。

第二节　学校篮球教学文件的制订

一、篮球教学大纲的制订

(一)教学大纲的内容

通常情况下,篮球教学大纲主要包括以下几个方面的内容:

1. 教学大纲说明

对制定篮球教学大纲的主要依据、课程性质和主要原则进行阐述,并提出实现教学大纲要求所需要采取的相关措施等。

2.篮球教学目的和要求

对篮球教学的具体任务进行阐述。通常主要包括篮球的基本理论知识、基本技能、技战术、学生身体素质发展的具体要求和思想品德教育、专业思想教育,培养学生优良的作风和品质以及集体主义精神,培养学生将来从事篮球教学工作所需的能力。

3.篮球教学内容及时数分配

对篮球教学的理论、技战术、裁判与规则以及相关的基本能力的培养等各个教学内容所占的教学时数比例、理论与实践教学的比例、考核评价、参考书目、教学条件、理论教学的题目和课时等进行明确。

4.篮球教学考核内容和方法

根据篮球教学目的来对课程的考核方法和标准进行确定,其考核内容主要包括理论知识、技战术和技能。

5.篮球教学成绩评定

该部分主要包括学习态度、思想品德、技术与技能、基本理论知识等的评定。

6.篮球教材及主要参考书

对本门课所使用的教材以及相关的参考书进行一一列出。对一些具有权威性的篮球专著进行有选择性的参考,以使篮球教学内容得到丰富和补充。

7.篮球教学设施的准备和使用

对篮球教学活动所使用的场地器材、设备设施进行规范和指导,以保证篮球运动场地和器材得到更为合理的使用,做好篮球教学设施的维护和管理工作,使篮球教学物质资源的价值充分发挥出来。

(二)制订教学大纲的要求

(1)结合篮球教学实际制订篮球教学大纲,要将教学计划中所固定的培养目标和培养要求落实好,同时要对篮球课程提出具体的教学任务和教学目的。

(2)根据篮球运动的特点、课程的任务和时数来确定教材内容,突出基本理论知识、技术与基本技能的教学训练与培养。

(3)在制定篮球教学大纲的过程中,要对教学课程的教学时数进行合理分配,同时保证理论与实践保持在适当的比例,以更好地确保教学任务得以顺利完成。

(4)注重教学内容的系统性、科学性和先进性。

(5)篮球教学基本理论、基本技术和技能是篮球教学考核的重点内容,所以要采用适当的考核方法来更好地将学生的真实技术技能水平和掌握的理论知识水平客观、全面地反映出来,评分方法要更为合理和科学,考核要力求公正和公平,在对学生做出客观评价的同时,更好地促进学生得以全面发展。

二、篮球教学进度的制订

(一)教学进度的定义

教学进度是以教学大纲的任务、内容、时数分配为主要依据,将教材内容具体地落实到每次课的教学文件,是教学过程的重要指导性文件。教学活动的开展需要遵循一定的要求,由此可见,制订教学进度并不是随意而为的,它需要遵循严谨的规则来进行。正确的教学进度能够更好地保障篮球教学质量和教学效果。教学进度科学、合理地制订,能够促使教学质量和教学效果得以有效提高。

合理制定篮球教学进度时,要对篮球教学内容的逻辑性进行有效把握,所采用的教学内容要与篮球知识技能的认识学习规律相符合,能够很好地将教学策略和教学方法充分反映出来。

(二)教学进度的格式

篮球教学进度的格式可以分为名称式教学进度和符号式教

学进度两种,具体内容如下:

1. 名称式教学进度(表 3-1)

在制定篮球教学进度时,这种教学进度是根据课时顺序把各种教材的名称在教学内容中进行填写,把所采用的组织方式在课程类型中进行填写,并填写其他相关的事项。这一形式的教学进度在篮球教学的理论知识传授、篮球实践教学和研讨等方面有着非常广泛的应用价值。

表 3-1　名称式篮球教学进度表

课次	教学内容	课程类型	备注
1			
2			
3			

2. 符号式教学进度(表 3-2)

这一形式的教学进度主要是根据编号顺序来在教学内容栏中逐个填入教材内容,再根据出现的先后顺序在相对应的课次栏中打"√"。为了确保教学进度的合理性得到有效保证,需要对排列组合的科学性予以充分的重视,只有如此,才能将各次课的教材安排和整个教材的排列顺序以及相对应的数量充分反映出来。

表 3-2　符号式篮球教学进度表

次数	一		二		三		四		五		六		七		八		九	
内容	1	2	3	4	5	6	7	8	9	10	11	12	13	14	15	16	17	18
理论部分 1											○		○		○		○	
理论部分 2																		
技术部分 1	△	×																
技术部分 2																		
战术部分 1	△	×	×	×														
战术部分 2																		
考核																	⊕	⊕

注:"○"为理论课　"△"为新上课　"×"为复习课　"⊕"为考核

(三)制订教学进度的要求

(1)对篮球教学内在的逻辑关系予以充分的重视,要将迁移原理和合理的逻辑关系作为指导,在对教学进度进行制订时,要使篮球运动知识单元和技术的合理逻辑关系充分体现出来,对于迁移原理在学习教材时所起到的积极作用要给予充分的关注,以避免教学过程中出现消极干扰。

(2)对篮球教学的循序渐进原则进行遵循,根据教学具体情况和教学需要,在教学进度中要对每次课的不同教学内容所占的比例以及相互搭配进行合理的分配。在教学过程中,要促使学生的理论知识水平和运动能力得以逐渐提高。

(3)要在全面的基础上将教学的重点突出出来。在制订教学进度时,要将教学大纲的具体要求以及运动技能形成规律作为重要的参考依据,在适当的位置安排适合的教材内容。在对教学内容进行全面考虑的前提下,还要将教学的重点更好地突出出来,以帮助教师对教学进行合理、科学的组织。

(4)对于理论结合实践要给予充分重视。在合理安排理论与实践课方面,要遵循理论指导实践的原则,对理论课教学进行有针对性的安排,以使理论能够为实践提供更好的指导,将这两类课程的相互补充、相互配合的紧密关系充分体现出来。

三、篮球教案的制订

(一)教案的定义

教案,也称"课时计划",它是最为基础的教学指导文件,是根据教学进度编制而成的。

教案是教师上课的依据,对教师积累资料、总结经验、提高对教学规律的认识具有非常积极的促进作用。由此可见,教案有着非常重要的作用,它既能为篮球教学提供重要的参考依据,同时也能够将一个教师的业务水平、专业素质、工作态度等充分反映出来。

(二)教案的格式

篮球教学的教案格式要根据具体实际来进行有针对性的选择,比较常用的教案格式主要有两种,一种是条文式,一种是表格式。具体如下:

1.表格式教案

这种类型的教案具有明了直观、方便填写的特点。通常来说,在确定相应的篮球教学任务之后,教师可以根据表格各个栏的具体先后顺序来进行填写,先在表格中将每一部分的教学内容、练习次数、组织教法、运动量、课后小结以及其他的注意事项按照顺序填写到表格之中(表 3-3)。

表 3-3 篮球课教案表格式

上课日期	年	月	日	授课教师		
班级		第 周		场地		
人数	男	第 次课		器材		
	女			媒体		
教材内容			教学任务/目标			
重点难点						
教学过程	教学内容和达成目标		教学组织与方法		练习	
			教师教法	学生学法	次数	时间
作业和参考文献推荐						
病弱处理						
课后小结						

2.条文式教案

这种类型的教案在篮球教学理论课中比较常见,除了写表格式教案的相关规定内容之外,还要将组织教法与讲授提纲的方式与理论课讲稿相互配合来进行共同使用。

(三)制订教案的要求

教案编写的好坏在很大程度上会影响教学效果的好坏,为了保证教案的科学性和可行性,篮球教案的制订应注意以下几点:

(1)对本次的主要教学目标、教学任务进行明确。要根据教学大纲、教学进度和培养目标的相关具体要求以及教材性质和学生的具体实际,来对教学目标和教学任务进行确定。

(2)对教学方法和课的组织模式进行合理确定。要根据本次课的主要任务,来选择和确定相应的教学方法和组织模式,以更好地保证篮球教学课得以严谨、顺利地进行。

(3)要对教学的系统性和完整性给予重视,各个课相互之间应承上启下,要循序渐进,做好衔接。

(4)要对本次课的客观条件进行充分了解,主要包括学生的基础、学生人数、接受能力以及运动场地、设备、器材等。

(5)编写教案应注意合理选择和运用教法步骤、练习方法,合理安排练习次数和运动负荷。

(6)篮球教学课并不是一成不变的,其教学对象存在很多不确定性,所以在制定篮球教案时要做到因材施教、区别对待。

第三节 学校篮球教学课的组织与实施

一、篮球教学课的组织

(一)篮球教学课组织的要求

1. 加强学生的理论知识学习

(1)对学生加强思想政治教育

在对篮球教学目的和任务进行确定之前,要对学生的思想政治教育进行重视和加强,以便更为充分地调动学生的学习积极性,提高学生的责任感和荣誉感。在篮球教学中,教师有很多工作需要完成,这主要包括坚持严格要求,并进行严格训练;及时发现学生容易出现的问题,并针对问题提出更加切实可行的解决方法;激励运动员尽可能地完成训练任务等。在篮球教学中,这一部分是非常重要的环节,同时也是进行实践练习的基础和指导。

(2)重视培养学生良好品德

教师要将教育方针全面贯彻到篮球教学之中,培养学生高尚的道德以及坚强的意志品质。此外,还要根据学生具体实际,来对相关的教学方法、教学手段进行有针对性的选择和应用,向学生传授篮球运动基本理论和技术,全面提高学生的各种实际能力,增强学生体质,增进健康。此外,各个课是承上启下、相互联系的,从而更好地保证篮球教学的系统性和完整性。

2.加强学生的实践练习

(1)合理选用训练方法

篮球教学具有其自身独特的特点,只有在组织方面采用有效的措施,才能更好地保障教学任务得以顺利完成。但由于所处的客观条件存在差异,这使得所采取的措施也是不完全相同的。比如有的学校场地、器材少,班的人数又多,因此在组织练习时就要从实际出发,使练习方法尽可能地灵活多变,这样才能达到既保证一定的运动量,又提高学生的积极性的目的。

(2)加强学生的合作意识和集体意识的培养

篮球运动作为一个运动项目,其具有很强的对抗性和集体性,在具体练习和比赛过程中,往往比较容易出现一些场上作风问题、思想问题以及违反纪律的问题等负面现象和做法。所以,在具体的篮球教学中,要进一步加强对学生进行思想方面的教育,对学生的思想和作风进行严格要求,严格禁止负面现象和行为的出现,使篮球教学课在合作、和谐的环境中进行。

(二)篮球教学课组织的手段

篮球教学课的组织手段主要有课堂常规、课的结构、学生干部作用的充分发挥三方面。

1. 课堂堂规

课堂常规有着较强的约束力,它是教师进行课堂管理的重要依据。在篮球教学课中,教师要对课堂常规的管理给予高度重视,对于学生的语言行为、课堂考勤等,要按照规定进行严格约束,并贯彻始终。此外,教师也要对课堂常规的规定和要求予以严格遵守。

2. 课的结构

课的结构主要包括准备、基本、结束三部分,在对课堂教学规律予以严格遵循的基础上,教师要根据课的结构顺序来采用不同的措施和管理办法,以避免课堂出现混乱情况。另外,对突发事件的处理也要采取果断而有效的措施。

3. 发挥学生干部的作用

在篮球教学课中,由于练习时比较分散,对于管理方面的组织工作有着较大的难度,这就需要尽可能培养一些学生骨干,以更好地进行分组练习。在小组练习中,通过学生骨干来进行带领、组织和帮助,能够很好地为教师开展教学活动提供帮助,协助教师更好地完成相应的教学任务,同时还能够增强这些学生骨干的分析、组织和管理能力,提高他们发现问题、分析问题和解决问题的能力,从而为我国的篮球运动事业培养高素质、高水平的人才。

二、篮球教学课的具体实施

(一)理论课的具体实施

课堂教学是篮球理论教学课通常所采用的组织形式,也就是

主要以教师的讲授为主,同时配合适当的课堂讨论,以使学生的学习兴趣得到激发。具体步骤如下:

首先,通过采用讲述或提问的形式,教师将前一次课的教学内容引出,以为接下来的新授课内容做好相应的准备和铺垫。

其次,在对本次课的内容进行讲授时,要重视反复论证篮球课的重难点,从而更好地达到强化的目的,促使学生对本次篮球课的主要内容进行有效掌握和理解。

最后,在课的结束部分,要将课的重点进行简明扼要的归纳和总结,同时还要布置相应的课后作业,以宣告下次课的教学内容。

(二)实践课的具体实施

在组织篮球教学实践课的过程中,要对篮球实践课给予充分的重视,只有上好实践课,才能顺利完成课时计划,提高学生技术水平。实践课要在教学大纲内容、要求、顺序和进度安排的指导下进行,这就需要对教学大纲的精神和思想加以准确把握。实践课需要根据学生的身心特点、篮球运动的特点及运动规律来进行有针对性的安排,并不是随意而为的。

1. 篮球实践课的结构安排

在篮球教学实践课中,要重视合理安排准备部分、基本部分和结束部分的相关内容,并注意安排好各个部分所占课的比例关系。

(1)准备部分

①主要目的

确保学生能够在生理和心理方面做好对较大和最大运动负荷进行承受的准备,以避免在练习过程中出现运动损伤。

②主要任务

篮球实践课的任务主要有两个,具体如下:

第一,对学生进行组织,将注意力进行集中,促使教学效率得以不断提高。

第二,对内脏器官、神经系统和各肌肉群的活动进行加强,促使其兴奋性得以不断提高,并促使课堂的学习气氛得以不断增强。

③主要内容

首先由班长、队长或值日生整队并清点出席人数,向教师报告;教师进行考勤检查,并将本次课的任务与要求向学生进行较为简要的说明。在准备部分所采取的相关练习内容需要根据基本部分的教学内容来进行确定,也就是说,要根据基本部门教学内容的具体需要,来选择相应的准备活动练习。一般来说,在准备部分练习内容主要由走、跑、跳、各种控制球、支配球和徒手体操、游戏的练习组成等。实践课除了要设置一般准备活动外,还要根据具体实际需要来设置专门的准备活动。

④组织方法

通常情况下,都会采用集体形式进行课的组织,但并不是所有教学和训练都是以集体的形式进行的,也有特殊情况,比如,训练课有时根据需要也可以给出一定时间做个人的特殊准备活动。

⑤时间安排

准备部分主要是以在教师组织下学生能够快速进入到训练状态作为主要目的的,在一堂篮球实践课中,身体准备活动是其中必不可少的重要部分,通常会安排 15~20 分钟的时间来进行准备活动。在这一部分,既能够很好地集中学生的注意力,使学生的身体得到充分放松,同时还能够为基本部分的活动奠定良好的基础。

(2)基本部分

①主要目的

训练课的主要目的不仅包括教学课的主要目的,而且还致力于提高比赛能力和适应能力。

②主要任务

其主要任务是根据教学计划和教学大纲的要求,通过对各种有利条件加以创造,来促使学生能够对篮球技战术和技能进行掌握和提高,同时也不断提高学生的运用能力。不仅如此,在运动强度和运动量方面也要遵循循序渐进的原则不断加大,促进学生运动素质的发展,增强学生体质,促使学生篮球技巧、运动水平和篮球意识得以不断提高;要对学生的思想教育和心理练习进一步加强,并培养学生良好的拼搏精神和作风。

③主要内容

该部分主要根据相关计划来进行合理安排,通过采用各种形式的联系和比赛,如个人的、小组的、全队的身体练习、技术和战术练习、教学比赛、对外比赛等,来发展各项素质和能力,以提高实践能力。此外,还要结合各个时期的具体任务,对运动量和运动强度进行循序渐进的增加,以促使学生的各项素质和能力得以更大程度的增强。

④时间安排

教学课(两节课连上的)的时间安排一般在70分钟左右。实践课的时间安排通常占全课时的70%左右。

(3)结束部分

①主要目的

实践课的结束部分其主要目的是通过使体内积存的乳酸加速排除,使运动时的氧债得到一定的补偿,使参加运动的肌肉尽快地恢复到运动前的状态,而最终使运动员从生理上逐渐由运动状态平复下来,从心理上由运动状态逐渐恢复到平静状态。

②主要内容

在参与激烈训练之后,要采用一些适当的整理活动,以使学生能够逐渐缓和和平复激烈运动的生理状态和紧张兴奋的心理状态,从而更好地恢复到训练前的状态。结束部分的主要内容有:关于慢跑、游戏、放松练习和注意力转换的练习,除此之外,一些运动量不大的罚球、投篮练习也是较为合适的选择。

此外,在结束篮球实践课之前,教师还要组织学生进行小结,并给予相应的讲评,这主要包括以下两种形式:

一是对本次教学课,教师进行小结。

二是对本次教学课,师生共同进行小结。

小结要具有针对性、简短扼要;要以表扬为主,批评为辅;要尽量进行正面教育,避免使用负面教育,从而避免影响学生参与练习的积极性。

③时间安排

一般情况下,教学课结束部分的时间是 5~10 分钟,训练课结束部分的时间是 15 分钟左右。

2. 实践课的内容安排

实践课的内容主要包括运动员的组织、练习的组织、课的时间的安排,以及运动负荷的安排四个方面。下面进行简要介绍。

(1)运动员的组织

集体(全队或小组)训练和个人训练是运动员的组织的两种主要形式。通常在实践课中对这两种练习形式加以结合使用。

(2)练习的组织

练习的组织内容主要是指训练课作业进行的程序和作业内容的安排,一般是先进行基本技术练习,然后进行战术配合,接着进行全队战术练习,最后进行教学比赛训练。

(3)课的时间安排

一节篮球课的时间分为两种形式,一种是 45 分钟,另一种是 90 分钟。在安排课的时间方面,通常学习内容占到时间的 60%,剩下的 40% 的时间用于巩固和复习学习内容。

(4)运动负荷的安排

在篮球实践课中,运动负荷的安排是非常重要的一个环节,能够恰当地组织安排训练内容,所安排的内容是否与客观规律相符合,是否科学,都是对一堂篮球实践课是否成功产生影响的重要因素。运动负荷的安排也是其中的一个重要影响因素。在篮球实践课中,只有使运动负荷做到合理安排,解决好大运动负荷训练的相关问题,才能促使学生的身体素质得到有效提高,同时也能大大提高学生的技战术训练水平,这些都是与实践需要相符合的。由此可以看出,首先要根据队员的实际情况来确定运动负荷;其次运动负荷的增长要遵循循序渐进的原则,由小到大。

此外,对于每次实践课的负荷强度和负荷密度,也要根据各个时期、各个训练阶段的任务来进行确定。一般来说,一次课应出现几次负荷高峰。通常情况下,在基本部分的前段就应出现第一高峰,在基本部分后段出现第二个高峰。此外,还要使整个实践课的系统性和完整性得到保持。

(三)篮球教学实习课的具体实施

这一类型课的目的主要是促进学生篮球学习训练能力、组织比赛能力、裁判水平等得到快速提高。

在实习开始时,首先要对参与实习的学生人数进行确定,并指导学生做好充分的准备工作。

在实习过程中,教师要及时做好观察和记录。

在实习结束时,教师要及时评价学生的具体实习情况,同时也可鼓励学生积极参与实习课的讨论和讲评。学生在参与完实习之后要做好实习总结,从而为提高自身学习能力奠定良好的基础。

第四节 学校篮球教学课的实践指导

一、备课

对于体育教师来说,备课是其一项最为基本的工作,为了使备课更加高效,需要做好以下几个方面的工作:

(一)认真钻研教材

对教材进行钻研能够帮助体育教师对篮球教学课的内容进行合理把握,同时结合学生具体实际来对教学内容进行选择。在对教材进行钻研时要做好以下几方面工作：

(1)对篮球教学大纲或课程标准进行研究,根据篮球教学总的目标,各单元和各节课的具体教学目标,来对教学的基本要求加以领会,更为准确地掌握好教材的体系范围。

(2)筛选各个不同的篮球教学内容,根据所选定的多项教材的重难点,及其前后之间的联系加以更好研究,同时也要做好相应的总结。

(二)深入了解学生

在篮球教学中,学生是作为主体而存在的,在具体实施篮球教学时,只有将篮球教学活动结合学生的具体实际,才能更好地、更为积极地促进学生的发展。体育教师对学生的了解主要包括学生的认知能力、所具备的知识基础、身体健康情况、运动技术和能力水平、兴趣与爱好、个性特征等。

(三)选择教学方法

在备课环节,要根据篮球教学的具体任务、教材性质的具体要求,以及现有的运动场地、器材设施、学生具体情况,来对课堂教学方法做出合理的设计,并确定好篮球运动教学活动的结构和类型。

(四)正确编写教案

所谓教案,实际就是指课时教学计划。它是指在篮球教学中,师生对预期的教学活动所进行的设计以及相关描述,同时也是更为深入、具体地进行教学准备。在备课环节中,教案的编写是最后的环节。教案是教师进行篮球教学的最为直接的依据,一个完整的教案所包含的内容主要有教学目标、教学方法、教学内容、运动负荷、本节课的教学重难点以及所需的运动场地和器材等,此外,一些教案还包含有课后记录等内容。

在对教案进行编写时,为了使教案更加具有可行性,质量更高,需要做好以下几个方面：

(1)在编写教案时要将教学大纲以及学校相关规定作为依据。

(2)在编写教案时,体育教师要对学生的具体实际进行考虑,并进行如实记录。

(3)所编写的教案必须要规范,在详略程度方面要做到合理备课。

(4)备课所采用的文字要准确、精炼,同时也要注意教学方法的正确运用。

(五)设计教学过程

教学过程是一个认识过程,也是促使学生得以全面发展的过程,其得以有计划地实现,目的在于确保体育教学目标得以实现。

1.篮球教学过程设计的原则

(1)体现篮球教学方法原则

篮球教学方法是为了更好地实现篮球教学目标,师生所采用的一系列的方式,其包含了教师教的行为,也包含了学生学的行为,在对篮球教学方法进行选择时,要注意结合篮球教学的特点、学生的特点、具体目标以及所选择媒体的特点。

(2)发挥教师主导作用原则

在篮球教学中,体育教师作为信息的传递者,除了对内容进行讲解,对信息进行编码之外,在篮球教学中体育教师还发挥着主导作用,从对篮球知识进行单纯的讲解到对学生掌握相关知识、自行获取知识进行指导,并培养学生的相关能力。

(3)遵循学生认知规律原则

在对篮球教学加以设计时,要对学生的认知规律加以遵循,只有与学生的认知要求相符合,才能使教学达到满意的效果。随着年龄的不断增长和知识的积累,学生的认知能力也会得到相应的提高,这就要求体育教师在设计篮球教学时要对这一点加以充分考虑。

(4)以学生为学习主体原则

在篮球教学过程中,学生的主体作用应体现在能充分发挥学生的学习积极性,让他们有更多的参与机会,活跃师生之间的双边活动,使他们从被动接受知识变为主动获取知识。

(5)教学媒体优化原则

在篮球教学中,主要是通过将多种媒体进行相互组合并进行结构的优化来充分发挥教学媒体系统功能的,因此在对篮球教学媒体进行运用时要对各种媒体的优化组合进行考虑,使他们能够发挥出各自的优势,互为补充,相辅相成,从而促使学生的学习兴趣得到进一步提高。

2.篮球教学过程的设计

在描述教学过程时,通常会采用与计算机流程图相类似的形式来进行,将整个教学过程划分成几个比较简单的环节,使教学过程中的各个要素相互之间的关系能够明确显示出来。这样既有利于顺利有序地展开教学过程,同时也能够更好地优化教学过程。大多数的篮球教学内容的操作过程都可以采用流程图的方式来表示,其所规定的符号,如表3-4所示。

表3-4 篮球教学过程流程图符号

符号	表示的意义
矩形	教师的活动
圆角矩形	媒体的应用
平行四边形	学生的活动
箭头	过程进行的方向
菱形	教师进行逻辑判断

在篮球教学过程中,常采用的教学过程设计形式主要有示范型、练习型和探究发现型三种:

(1)示范型

在篮球教学中,示范是进行篮球教学过程设计的重要途径和必要手段,它有着非常广泛的应用。这一形式的教学过程能够将篮球教学以身体活动作为主要形式的学科特征充分体现出来。图 3-1 为示范型教学过程的流程图。

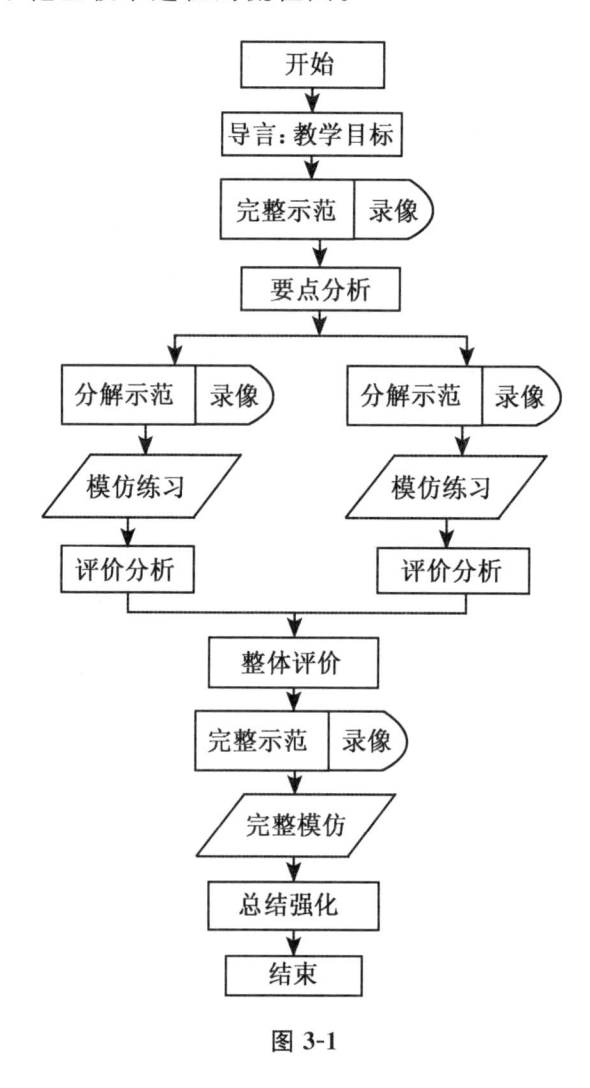

图 3-1

(2)练习型

这一类型的教学过程主要是以篮球运动技能的练习为主,在篮球教学中,通过借助于媒体或教师的示范将运动动作的结构、路线等主要的动作要领,以及动作的变化发展过程等向学生进行提供,学生通过借助于自身的感觉器官来进行观察并模仿。图3-2为练习型教学过程流程图。

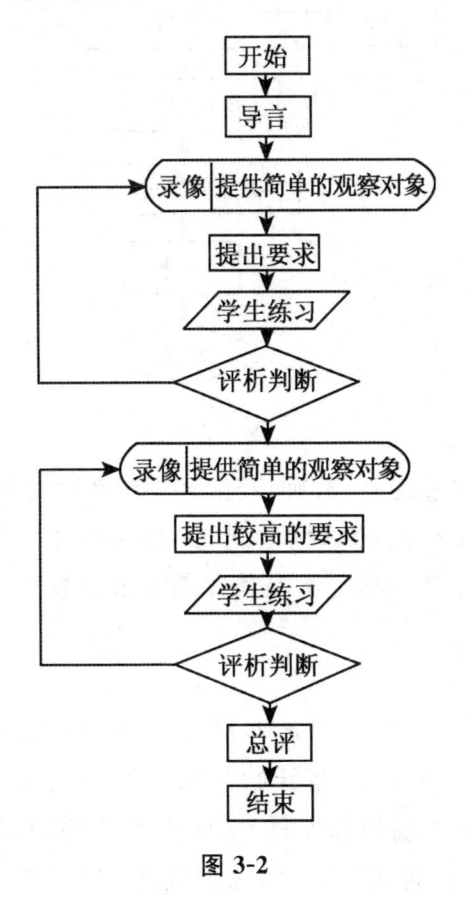

图 3-2

(3)探究发现型

探究发现型教学过程在篮球教学中主要用于对学生实行观察、寻找规律等进行组织,它是帮助学生学会体育学习的重要教学方法。如表现为某一动作技能的原理或结构等,能够对学生学习的主动性进行有效激发,促使学生养成对问题进行发现、探究和解决的能力。图3-3为探究发现型教学过程流程图。

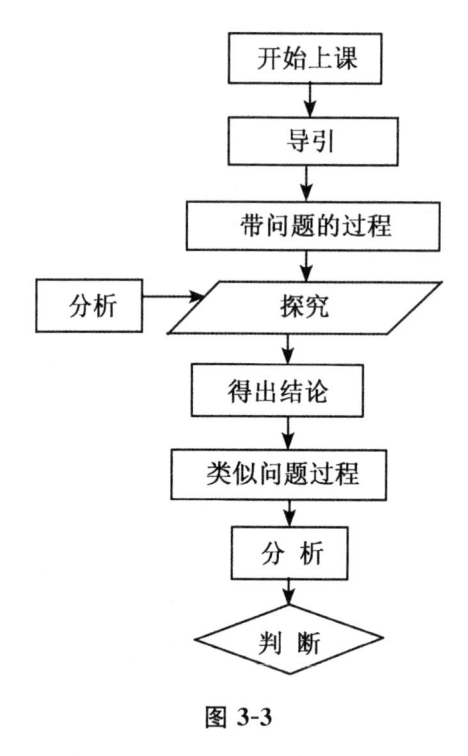

```
开始上课
  ↓
 导引
  ↓
带问题的过程
  ↓
分析 → 探究
  ↓
得出结论
  ↓
类似问题过程
  ↓
 分 析
  ↓
 判 断
```

图 3-3

在设计教学过程时,教师应充分考虑教学内容特点和学生对篮球运动理论和技能的掌握情况,并结合具体的课堂教学目标,合理选用和设计符合学生学习和发展需求的教学过程。

(六)准备场地器材

在篮球教学活动中,场地器材是必备的物质基础,是开展篮球教学活动的重要资源,在开始篮球教学课之前,教师要组织学生来准备好相应的场地和器材,从而为本次课的顺利开展提供物质保证。此外,教师还要认真规划场地,并科学地布置好各个器材。

二、课堂管理

通常来说,学生通过篮球教学来学习相关的理论知识是主要的途径,对篮球教学加强管理也是非常必要且重要的。这主要是因为通过进行课堂管理能够对整个教学以及学生自身发展产生非常重要的意义和作用。

(一)篮球教学课堂管理的目的与要求

1.课堂管理的目的

篮球教学课堂的管理有着非常明确的目的,这主要体现在:向学生传授篮球运动文化、基本理论知识和基本的运动技能,同时积极地培养学生参与篮球运动锻炼的良好兴趣,促使学生活动能力和健康素质的提高,以更好地帮助学生形成正确的"终身体育"观念,以为社会培养出更多的素质全面发展的人才。为了更好地达到以上目的,需要做好以下几点:

(1)树立正确的教学思想。在现代社会快速发展的影响下,体育也逐渐成为人们进行休闲娱乐、消遣的活动,这就需要树立学生体育思想、培养学生的体育意识,并对科学的锻炼方法和手段进行掌握;使学生养成自觉参与锻炼的好习惯,树立良好的"终身体育"意识,以更好地促进学生身心得以全面发展。

(2)在篮球教学中,通过强化篮球教学的各个功能,从而使篮球教学的功能能够在多个方面得以充分体现出来。

(3)对科学评价体系的构建。教学评价是篮球教学的重要组织部分,在教学活动中具有一定的导向作用。篮球教学的科学评价是将结构评价和过程评价很好地结合起来,改进整个的评价体系,这对于实现篮球教学目的有着非常重要的意义。

2.课堂管理的要求

篮球教学课堂管理需要按照一定的要求进行,这主要包括以下几个方面:

(1)突出篮球教学管理特色

①教学内容管理方面,要将民族性与国际性、健身性与文化性、实践性与知识性、统一性与灵活性有机结合起来。

②思想管理方面,要把育体与育心、社会需要与学生需要、校内体育教育与社会终身体育有机结合起来。

③教学过程管理方面,要把以理施教与以情导教、严厉的课堂纪律与活泼的教学气氛、教学的实效性与多样化、教师主导作用与学生主体作用、激发学生兴趣与培养刻苦精神结合起来,以更好地对高素质、全面型篮球运动人才进行培养。

④教学宏观控制方面,主要是指将行政管理与业务督导、统一要求与分类指导有机结合起来。

⑤体育教学评价方面,主要是指把基本评价与专题、特色评价结合起来。

(2)加强教学管理的科学性和专业性

篮球教学活动包含有很多内容,非常复杂,并且具有很强的专业性,这就要求教师在篮球教学活动中要准确把握好篮球教学的相关机制,进行渗透化管理,同时还要定期或不定期对篮球教学管理的效果进行检查,以更好地建立一个有效、科学的篮球教学管理机制。

(3)检测篮球教学的质量和效果

对篮球教学加强管理能够促使篮球教学的效果和质量得到有效提高,这既要在整个篮球教学活动中进行落实,同时还要落实到篮球教学管理的各个环节之中。

此外,在篮球教学过程中还应将体育教师的管理主体作用充分发挥出来,并将其他的教学因素控制好,使篮球教学活动得以顺利进行。

(二)课堂教务管理

1.编班

编班是篮球教学管理中的一个非常重要的内容。这一环节需要篮球教师的参与,这样才能将篮球运动专项的特点以及学生身心发展和学习的要求得以充分体现出来。同时,编班还要注意同其他同学的具体实际相结合。

具体来说,在篮球教学课程的编班过程中,应对以下事项引起注意:

(1)混合编排是目前所采用的较为普遍的编班方式,在这种编排形式中,要将各班中体育基础好与体育基础差的学生以及男女学生的比例安排好,以更好地保证学生得到共同发展。

(2)编班时,要重视不同学生之间的合理搭配,以保证篮球教学活动得以顺利开展。

(3)编班时,要对不同学生的篮球运动基础以及篮球技能水平进行充分考虑,以便使各个不同班级的学生做到更加合理的分配。

2.安排课表

在安排篮球教学课表时,为了保证课表的可行性和合理性,需要对以下几个方面引起注意:

(1)篮球教学活动内容主要是以身体活动为主,在具体活动中,学生要保持高度的注意力,所以在对篮球教学课的课表进行安排时,最好将课放在上午的第三节或下午进行。

(2)同一个班每周的各次体育课之间的间隔时间保持在合理的范围之内。篮球教学课的安排应充分考虑其他体育项目课程的时间安排。

(3)对于教学进度或教学内容一致或相同,可以将不同的班级放到一起来上课,但要有效地控制好一次课教学的人数。

(4)要对器材进行有效的布置和使用,在使用的过程中还要注意对器材进行保养。

3.课堂教学的有效控制

(1)体育教师的上课管理

在篮球教学中,体育教师既是教学者,也是管理者,所以做好篮球教学课的上课管理,对篮球教学质量的提高有着非常重要的作用。篮球课的管理工作有很多,主要有建立课堂常规,做好相应的思想政治工作,使学生的积极性得到充分调动,进行合理分组,运用相应的教学方法和教学,运动强度和运动密度的掌握,运用场地器材,采用安全措施,以及师生服装的相关要求等。

篮球课堂教学活动的顺利开展是篮球教学目标实现的重要

前提，也是完成整个篮球教学计划的重要基础。因此，这就要求篮球教学工作者，尤其是体育教师，在对篮球课堂教学的控制方面引起高度重视。

需要注意的是，制订的篮球课堂教学文件，要对篮球教学实践起到积极的导向作用，在具体实践中，所制订的教学计划常常会与教学具体实际出现矛盾。例如，篮球考核课某一考试标准可能定得有点高，从而使得很大一部分学生都不能及格；或者在篮球教学过程中出现了场馆器材条件不能使教学需要得到满足的现象，或者由于某些客观原因使得某一个单元的篮球教学课产生多次连续的缺课，造成教学计划无法按时完成或者无法保证完成质量。以上这些问题会对篮球教学活动的开展产生一定程度的影响，这就要求在篮球教学活动中，体育教师要对这些问题进行及时发现，并对其中所产生的各种矛盾加以及时控制，以更好地对篮球课程教学活动做合理安排，从而保证篮球教学课程得以顺利开展。

(2)对体育教师的上课管理支持

上课是师生开展教学活动的最为主要的形式，在这一方面，学校管理者要对教师提供必要的支持，以更好地促进教师顺利完成上课管理工作。

在篮球运动教学管理中，对于篮球教学的控制要明确责任，责任到人，使篮球教学管理和篮球教学控制中教师的作用充分发挥出来，给予教师一定的管理权力和管理弹性。

(三)教学训练管理

1.个人训练管理

个人训练的主要目的是提高学生对篮球技战术的掌握和熟练程度，进一步改进个人技术动作的缺点和不足，发展各项运动素质和能力。对于集体训练来说，个人训练作业发挥出重要的辅助和补充作用，通过学生进行反复实践以及独立思考，对篮球技战术的使用技巧和相关规律进行领悟，并形成自己独特的技术风格。需要强调的是,在对个人训练作业进行安排时,要根据学生的具体实际、教学目的、教学任务,进行有针对性的安排,以获得更为理想的训练效果。

2. 班级训练管理

通常来说,班级训练都是以班作为单位,分成若干个小组,在班干部及小组长的带领下,这些小组开展具体的体育训练活动,这就需要班主任和体育教师对体育运动进行合理指导,并对班级进行管理,以保证班级体育训练获得良好的效果。

当前,由于班级体育锻炼在时间、内容、组织和生理负荷等方面都提出了许多要求,所以学校在进行班级篮球教学训练时,在训练内容的选择上,可将训练与篮球教学内容结合起来,以保证学生练习的有效性。

在训练生活中,早操是其中非常重要的一个环节,其功能主要是消除疲劳、增进健康,同时能够为当日训练任务的顺利完成做好心理和生理上的准备,并且还能够更好地促进人体运动器官的发展,对技术动作进行进一步改进和强化。教师可以考虑将篮球运动的基础性体能训练作为早操的内容,鼓励学生学习篮球,具体要根据训练任务、目标、客观条件以及学生的实际情况等进行有针对的选择和运用。值得强调的是,要注意早操的时间,并安排适宜的运动负荷,否则会对学生的学习以及篮球专项运动训练产生重要影响。

(四)意外事故管理

身体练习是篮球教学的主要活动方式,因此在教学过程中很容易出现一些运动损伤,甚至会引起一系列运动性疾病的发生,严重者很可能出现意外伤害事故。这就需要教师在具体的教学过程中,加强和重视学生意外事故的管理,始终要绷紧教学与训练安全这一根弦。

当发生意外事故时,教师要做到正确地判断并实施相应的抢救措施。要正确判断意外伤害事故的性质,采用相对应的抢救措施,对于轻伤者可以送到学校医务室进行治疗,严重者或生命危险者要立即送到医院进行抢救,并进行及时通报。

在发生重大意外伤害事故之后,学生要立即通知其家长、学校领导和当地派出所或相关部门,并对伤害事故发生的时间、原因、地点、后果及所采用的措施等进行详细汇报,并填写相关的意外伤害事故报告。报告中所填写的内容要实事求是,必要时可提供相应的人证和物证。如果重大的伤害事故发生意外的死亡,最好请当地的法医做鉴定报告。

三、课后总结

（一）课堂情况总结

课后总结就是对课的任务的具体完成情况进行总结,这主要包括以下几方面内容:

首先,对本次篮球教学课的任务完成情况、课堂组织的合理性、教学内容的完成情况、内容安排的合理性以及时间分配的可行性等进行总结。

其次,对本次篮球教学的执教情况进行总结,并分析教师的讲解示范效果、教态、教学方法及其对课的任务的完成得失进行分析。

最后,对本次篮球教学课学生的学习情况进行总结,如学生是否按教师的要求完成了计划规定的练习内容,掌握知识、技术、技能的有效程度如何,有多少学生能初步学会,或基本学会、基本掌握所学内容。

（二）发现教学问题

1.教师的自我评价

针对教师自身在篮球教学课中的具体表现进行客观、全面的评价,具体评价时应充分考虑以下几个方面:

(1)是否合理地组织队列和调队。

(2)在动作的示范和讲解中是否存在问题,包括教学进程、示范位置、内容顺序、对错误动作的纠正等,还有那些需要进行解决的问题。

2.对学生的评价

通过对学生进行评价,来发现篮球教学课中存在的一些问题和不足,具体评价内容如下:

(1)对课堂组织的纪律性以及联系的积极性进行评价。

(2)联系中存在的个别问题及普遍问题。

(3)对于练习形式,学生的掌握理解和接受能力等。

(三)提出改进对策

具体来说,体育教师可以广泛收集其他教师和本次课的教学对象对篮球教学效果的意见,包括通过对学生进行调查,了解学生对本次篮球课堂教学的评价,不断改进和提高教学效果,具体来说,应从以下几个方面改进篮球教学:

(1)根据篮球教学的形式、内容、方法、手段等来进行意见的广泛收集并进行相关分析,以为进行下一步篮球教学提供相应的依据。

(2)从篮球教学课的密度、练习强度、时间分配等方面,以及学生的表现进行相应的分析,从而为篮球教学课接下来的开展提供改进的对策和设想。

(3)对于学生学习效果,教师的动作示范、讲解、示范位置所产生的影响进行分析,以提出改进措施,使教师的主导作用充分发挥出来。

(4)通过学生对本次篮球课的认识、理解以及学习情况,来为篮球教学课以后的合理安排提出良好的建议。

第五节　现代篮球教学理念的应用

一、现代篮球教学中"生命为本"理念的应用

(一)在篮球教学中体验生命

以生命为本这一篮球教学理念非常注重学生身心方面的体验,通过身心体验能够很好地帮助学生真正融入篮球运动教学之中,也只有如此,所进行的学习才是真正的学习。体验就是人得以存在的方式,同时也是对生命的真谛和意义进行追求的方式。生命体验在篮球运动学习过程中是激发学生产生动力参与学习的重要原因,它在提高学习效率、保持篮球运动学习活动、养成良好的运动习惯等方面都有着非常重要的作用。在学习篮球技术方面,它是一个不断地进行认识和重复熟练的过程,在具体的实践过程中,能够更好地帮助学生对问题进行体验、探索、分析、解决。在篮球运动中,通过对其中蕴含的奋发的生命情感进行细心感受,对自身所存在的强大的潜能进行意识和挖掘,以便从中能够体会到生命的乐趣以及成就感。只有在运动中进行亲身体验才能从中发现所存在问题,才能对学生思考问题和解决问题的积极性进行充分调动,这样所形成的动作记忆才会更加深刻,更加持久,有助于篮球学习的快速提高。换句话说,通过对学生的认知经验加以发展,使他们以生命的形式对篮球进行体验,在学习过程中促使学生对篮球运动的规律进行领会。

(二)篮球教学就是尊重生命

在篮球教学中,要对学生的个体差异和学生的个性给予充分尊重,要使篮球教学同学生个体认识融为一体。篮球课需要教师

第三章　学校篮球运动教学的基本理论

进行精心策划之后才能更好地开展,但在教学方法和教学内容方面,不能再像以往传统篮球教学那样采用"集体操练""整齐划一",而是要对学生的个体差异给予充分考虑,在对学生充分尊重的基础上进行循序渐进的引导。首先,体育教师针对学生的整体情况来对课程的难易程度进行定位,再根据学生的实际运动水平和自我学习能力等来对教学目标进行制订,最后将篮球运动知识和技战术采用启发式诱导教学的方式传授给学生。篮球教学就是在尊重生命的基础上,使整个的篮球教学过程变得更有意义,在学习篮球技术动作方面除了采用教师讲解示范、学生模仿练习的方式之外,教师要积极引导学生对篮球运动技术动作进行探究。传统教学理念过于注重权威性和控制力,而通过"生命为本"理念指导下的篮球运动教学,不再是在教师的统一指令下学生进行操练,而是通过营造出更为融洽的学习氛围来对学生的学习、练习和温习进行引导;不再是以往教学中跨越不了师生之间那道先知与后知的鸿沟,而是针对篮球知识,作为一个群体进行共同研究的合作与对话。在这种师生得以共同提高的过程中,对于学生在具体学习过程中的学习进度、学习潜力以及遇到的困难,教师能够全面掌握、深入发现和了解,以便给予及时有针对性的指导。

作为自我发展和自我教育的个体,当今的学生有着强大的进行知识创新和构建的能力,随着现代网络的快速发展,学生所需要的不再是高屋建瓴的思想启发。在当前教学背景之下,教师的任务就是尊重生命,对学生的自主发展进行引导和帮助,通过篮球教学来对学生进行引导,在开阔视野以及博大胸怀的尊重下,教师要对学生对自我发展与提高的主动权进行掌握,在此基础上来培养出进行自主创新、自我发展的新时代人才。作为课程的研制者,篮球教师要作为一名导师,所做的不再是进行手把手传授技艺,而是为学生创造出更好的学习氛围和学习环境,对各类学习资源加以充分调动,以更好地帮助学生对现实意义中的篮球知识和篮球技术进行"解构"与"建构"。在这种以生命为本的篮球教学理念下,篮球教师除了作为一名教师之外,也是一位导师,同时也是一位灵魂工程师,更是一位人民的艺术家。

二、现代篮球教学中"张扬自我"理念的实施

(一)篮球是年轻人对新生活的追求和向往

美国是街头篮球的起源地,街头篮球舍弃了原有的烦琐规则,人们来到街头,在强烈节奏的带动下一起自由地打篮球。就文化起源来说,这种运动源于美国20世纪60年代所爆发的一场反主流文化运动。青年人创造出了独立于社会文化之外的一种新颖生活方式,这种文化是对美国嬉皮士运动和英国朋克运动的反叛,他们的共同点就是对正统文化进行反抗,并坚持抵制和不妥协主义,对刺激、享乐、幻想非常推崇,不服从传统的道德规范。总之,社会中充分的矛盾打破了他们适时安逸的生活,他们透过美国的虚幻找到了传统美德所存在的污点,开始寻找新的出路,对心中美国的时代进行怀疑,认为是衰落的时代。街头篮球是在特定的社会时期和背景下同主流篮球运动相对立、相对应得以产生和发展起来的一种反主流文化的运动,这也是错综复杂的社会矛盾不断激化升级的结果。

(二)篮球教学中张扬自我理念的生命力

"张扬自我"这一理念就是鼓励教师将传统的比较僵化的教育状态打破,破而后立,营造出一个积极、鲜活的学习氛围。这一理念能够使学生感受到篮球是一种生命,值得一生去坚持追求。在这一理念的指导下,学生既能够对篮球基本知识和技术进行学习和掌握,同时还能够对自身所承受的课业压力进行宣泄,并释放内心的唏嘘,对自我进行更好的表达。这一篮球教学理念比较新颖、刺激、潮流,能够促使人的潜能得到释放,减轻心理承受的压力。街头篮球是对自由进行追求,将所有的束缚打破,是对自

我进行张扬、发挥和完善的过程。作为体育运动的拥护者和爱好者,学生对于新奇刺激的运动方式是比较热衷的,无论是街头篮球所带来的精神还是街头篮球的花式动作、凌乱的步伐,都对学生形成了强大吸引力,所以街头篮球在对身心进行调剂之余,既能够对学生的学习兴趣进行激发,提高学生的参与动机,同时也能够在篮球运动中更好地促使学生深刻感悟生活,对人格加以完善。在对自我风格进行演绎,对自我个性加以张扬的过程中,超越了比赛的胜负观,学生能够更为深刻地意识到参与要比获胜更为重要,这也是促使终身篮球得以实现的有效途径。实际上,这种通过亲身参与篮球运动所获得的"感悟"才是"弘扬自我"篮球教学理念所真正希望学生获得的财富。

在学校期间,学生的自我意识能够得到快速形成和发展,自我需求和自我欲望也会得到相应的增长。学生离开父母的怀抱来到校园之中,更希望能够在人格方面获得独立,并以将对大人的情感依附摆脱掉作为成人的标志。通过以街头篮球作为珍视自我、弘扬自我的方式,在篮球运动中更好地展现出青春的激情和活力,用篮球来对年轻、进取、快乐的生活态度进行表达,对"做自己,享受生命,勇于挑战"的精神加以深刻的领悟。

第四章 学校篮球运动教学模式的创新构建

教学模式在学校体育教学中有着非常重要的作用。可以说，学校体育教学的顺利开展与科学的教学模式的应用有着密切的联系，这在学校篮球运动教学中也是如此。当前，随着学校篮球运动的不断开展，其教学模式也有所改进。本章主要对当前学校主流体育教学模式概述和存在的问题、体育教学模式的组合结构和构成要素、多样化反馈篮球教学模式的构建，以及"课内外一体化"篮球俱乐部教学模式的构建进行分析和阐述，从而对当前创新型体育教学模式及其在学校篮球运动中的应用有更加深入的了解和认识。

第一节 当前学校主流体育教学模式概述及存在的问题

一、当前学校主流体育教学模式概述

当前，比较常见的体育教学模式主要有以下几种：

(一)主动式学习教学模式

主动式学习教学模式与很多其他的教学模式都有一定的联系，是诸多教学模式的一个概括。这种教学模式对学生在教学中的主体地位较为重视，从根本上来说，就是要求学生能够自主、积

极地学习,并且将自身的主动性充分发挥出来。换句话说,主动式学习教学模式就是要求教师给学生发挥自己能力的空间,从而使传统的被动式学习方式得到根本上的改变。

在体育教学中运用这一教学模式,能够使教师和学生之间的这种信息不对称造成的低效率学习得到有效避免,同时,也能够培养学生的能力和积极性。需要强调的是,采用这种教学模式来激发学生的参与,主要依赖于多种途径和方法。因此,学生发挥主动性的教学环节就是一种必然。

(二)掌握式体育教学模式

掌握式体育教学模式在体育教学中的影响是最为广泛的,且使用时间也最长。具体来说,这是一种在遵循传统的系统教学理论基础上,具有促使学生掌握体育技能的单一目标,注重教学效果,以学生技能的掌握为中心,强调老师对运动技能的一种程序式的规范性的教学方法,以技能掌握规律来进行教学是其主要主张。

通常来说,为了使学生能够更好地掌握体育技能,体育教师往往会按照由简单到复杂的标准来分解技能掌握的难度标准。一般地,往往会将其分为教师示范、传授阶段和学生的练习阶段两个阶段。

(三)发现式体育教学模式

发现式体育教学模式将让学生在掌握技能的同时也能够对运动理论有所理解作为主要目标,换句话说,就是通过让学生将其智力充分发挥出来,让学生通过灵活的方法对运动过程的原理有深入的了解和认识。

发现式体育教学模式,往往也被称为"问题探究式"或者"问题引导式"教学模式,究其原因,主要是由于在这一教学模式中,教师首先要根据教材中的技能原理和理论知识中的疑难点进行问题设计,通过问题的不断引出来引导学生进行思考,从而对运动原理有所了解和掌握。

(四)锻炼式体育教学模式

这种以学生具有强健体魄为基本思想,充分遵循人体活动和机能的变化规律的教学模式是与传统教学模式基本相似的,但是也存在着不同之处,主要是指,锻炼式体育教学模式对学生的身体锻炼更加重视。

具体来说,可以将锻炼式体育教学模式的教学过程大致分为两个阶段:一个是为了让学生掌握一定的运动技能,要求老师利用多种方式进行教学;另一阶段是让学生进行身体训练。通常来说,身体技能训练是与技能运动训练相适应的训练方式,不仅能让学生掌握一定的技能,而且还能使整个身体得到全面的锻炼。一般地,这种训练模式以10分钟左右为宜。

(五)个性培养式教学模式

由于每个学生的兴趣、能力和性格以及气质等方面都会存在着或大或小的差异性,因此可以说,每个人都有不同的个性。但是,这种个性在传统教学中,往往被忽视掉,只是用同样的学习方法、速度、难度和评价标准等来对学生进行统一要求。

个性培养教学模式,作为一种新型的教学模式,能够将学生的主体地位和个性差异充分体现出来,并且还借助于多种多样的科学教学方法来将学生的潜能充分挖掘出来,使学生的个性得到相应的培养。

具体来说,这种新型的教学模式,实际上就是以素质教育的理念为依据,通过充分尊重学生的独立个性,来对他们参与学习的主动性和独立性进行积极鼓励。在体育教学过程中应用这种教学模式,不仅能够给学生更多的独立思考和个性发展的机会和空间,而且还能够有效促进学生主观能动性的发挥。因此,这就要求体育教师在运用这种教学模式时,不仅要能够捕捉和发展学生的特长,通过各种课前练习和训练来对学生的个性品质进行充分的了解,而且还要求其能够严格遵循因材施教原则,在使学生的主体地位得到有效保持的同时,也能够建立起和谐的师生关系,这对于体育教学活动的顺利进行都是非常有益的。

(六)快乐式体育教学模式

早在20世纪末,"快乐体育"就作为一种新的教育思想而产生。当前,体育运动的健身性、竞技性特征越来越显著,但是,随着人们对生活质量要求的越来越高,体育项目本身的娱乐性相对减弱。为了使学生不仅能够熟练掌握体育技能,还能够对体育运动的趣味性有所体会,就要求体育教育要将技能和兴趣的培养"两手抓"。

相较于传统教学模式来说,这种模式在教育过程中不仅仅是以技能规律掌握为主的教学,其对学生运动中情感的变化规律的掌握也是非常重视的。从某种意义上来说,这种教育模式将现代教育思想充分体现了出来,对将身体上的技能掌握和情感上的愉快教育并重较为重视,通过培养学生健康的身心来对新型的社会人才进行针对性的培养。除此之外,这种教学模式还能够对学生的情感认知进行培养,通过情感带动,以"乐学、情趣"为中心,充分挖掘出教材中的趣味性,并将它贯穿到教学中去,使学生对体育带来的乐趣能够进行深入的体会,进而达到身心愉悦的目的。

(七)成功式体育教学模式

相较于传统的教育模式掌握技能的核心来说,"成功教育"模式将学生意志的培养作为核心,这方面两者是不同的。另外,传统教育模式和成功教育模式也有一定的相同之处,就是都注重技能的掌握,但是,需要强调的是,成功教育模式更加注重学生意志和品质的培养与建立。由此可以得知,成功教育模式能够让学生在运动中体会到成功的快乐,不管是运动技能的掌握还是成功,都是从简单到复杂、从小到大逐渐递增的一个过程。

当前,对社会人才意志力的要求越来越高,而要达到这一目标,体育的成功教育就是最有效的方法之一。相较于传统的体育教育模式,成功体育教学模式的理论化和系统化要更强一些。具体来说,通过这一教学模式,使学生都能够体会到成功的乐趣。另外,在体育教学过程中运用成功体育教学模式,能够为每个学生多创造不同程度的成功机会,并对其进行积极的引导。

(八)合作式学习教学模式

在现代体育教学中,很多教学模式都被广泛运用,合作式学习教学模式就是其中的一种。尤其是在多人参与的体育项目中,合作式学习模式的运用更加普遍。相较于传统模式来说,合作式学习教学模式的优越性主要体现在学生理论知识的提高和学生能力的培养两个方面,其对教师在教学中要注意学生之间的配合有着较高的要求。

一般地,在体育教学中运用合作式学习教学模式,具有非常重要的意义。主要表现为:首先,其能够将学生的主动性充分发挥出来,学生能够将学习过程中遇到的问题发现出来,并且能够较好地分析并解决这些问题;能够使学生的交流和交往能力得到有效提升,使学生之间的关系更加融洽,学生的学习兴趣有所增强;对于良好的师生关系的建立有利,从而保证教学过程的顺利进行;能够对学生达成目标起到积极的引导作用,通过自身的能力来与同学进行合作,这对于学生个性的发展和集体主义精神的培养都是非常有利的,同时,还能使他们的合作意识和能力得到提升,有助于他们思维的创新和发展。由此可以看出,合作式学习教学模式与我国的素质教育理念是非常符合的,对学生的发展有着积极的意义,不可忽视。

(九)互动式体育教学模式

相较于传统教学模式来说,互动式教学模式与素质教育的理念是一致的。具体来说,这一教学模式的主要特点就是将教学过程中的主体角色进行转换。在体育教学中运用这一教学模式,能够充分发挥出学生的主动性,使其能够主动参与到教学中来,这就使教学过程变成一个双向的动态过程。在整个教学过程中,教师通过积极的引导,来使教师、学生和教学中介之间及时交流教学信息,从而形成较为和谐的局面。

这种教学模式对教学内容和教学方式都有较高的要求。其中,在教学内容方面,要求教师在选择主题时,要保证其合理性,从而保证互动的顺利进行;在教学方式方面,要求教师选择适合互动教学的教材。除此之外,还要求教师在上课之前,收集学生对于教学方式的建议,使学生的主体地位得到保证。

将这种教学模式运用于篮球教学中,为了保证教学顺利进行,教师可以让学生提前准备关于篮球法则的材料和国内外篮球明星的相关材料,从而在增强课堂趣味性的同时,能够更好地引起学生之间的讨论,从而使他们对篮球运动有更加全面和深入的了解和认识。

(十)领会式体育教学模式

在篮球运动教学中,传统的教学模式往往会要求教师分解整体的训练过程,使学生先学习分解技能,再学习整体技能。这样,就会使学生在掌握部分技能的基础上,从整体上把握运动项目的认知和项目特点,从而使得教学效果不理想。

而要在篮球运动教学中运用领会式体育教学模式,则能够有效调整教学结构和过程,使过去那种局部练习掌握到整体掌握的模式得到改变,具体来说,就是让学生首先从整体上把握,然后分步学习,最后再整体学习,由此,便能够更加清楚地了解篮球运动,对老师要求掌握的内容也能够熟练掌握。

二、当前学校主流体育教学模式存在的问题分析

尽管当前学校主流体育教学模式都具有显著的特点,在体育教学中也能够取得理想的成效,但是不可忽视的是,其中仍然存

在着一些问题亟待解决,制约着理想体育教学效果的取得,具体来说,主要表现在以下几个方面:

(一)各个教学模式的特征差异较小

当前,我国的体育教学目标逐渐由单一向复杂化转变,但是,与目前的每一项体育教育目标相对应的教学模式却较为缺乏。这就导致了教学目标与达到目标的方式的脱节。当前的这些教学模式,在教学功能和教学过程上都是基本相似的,即主要功能为完成现代体育教学的目标;教学过程为"三段式"的教学过程,具体来说,就是确定课题,然后由教师引导,学生积极参与,最后由老师进行评价。尽管这种教学过程看似非常简单,但是却覆盖了基本所有的教学目标,这就导致了模式单一化与目标多样化之间的矛盾。鉴于此,就要求摒弃主动传授的方式,建立以学生的技能、兴趣和个性发展为目标的多样化的教学模式,使得目标与模式相互对应,这样就能使上述问题得到妥善的解决。

(二)教学模式的功能较为单一

当前,尽管我国体育教学改革不断进行,但是进程缓慢,效果也不甚理想,新型的教学模式仍然没有普遍推广,传统教学模式仍然占据主要地位,这对学生的实践能力和个性、兴趣的提高和培养产生一定的制约作用。从传统意义上来说,认为知识和能力是统一的,学到了知识自然也就具备了能力,但事实证明,只有在教学过程中不断进行培养,才能够使学生的学习能力得到提升。

(三)教学模式的可操作性较差

在体育教学的改革发展过程中,往往是先发展理论,后加以实践的。对于大多数的学校来说,它们往往将技能的掌握和提高作为关注的重点,而忽视了兴趣、能力以及情感培养等。这也就导致尽管很多体育工作者在教学之余进行分析和总结创新有效的教学方法,但是却很少能够引用于体育教学的实践中。

学校体育工作者,已经按照国家的新课改要求尝试对学生的体育能力进行培养和提升,并且借助于体育运动来对学生的个性进行培养,但是仍然存在着这些与之相配套的教学模式的操作性不高,操作程序、评价手段以及反馈功能都不成熟等各种问题,亟待解决。

(四)教学模式开发的科学化较为欠缺

在研究和形成一种新的体育教学模式之后,体育工作者往往会通过自身的努力来对其进行推广。尽管在当前体育教学模式研究中,很多教学经验非常丰富的教师创造出了一些新的教学模式,但是由于受制于体育教学本身的特点,新的教学模式并没有得到整体上的创新,往往只是局部的创新,比如,教学方法或者教学方式上,将相似的研究成果进行对比分析的则很少。这些研究由于在进行研究设计的时候很少运用到数理分析而且多进行抽象研究,因此,这就使得去科学化的程度相对要低一些。

(五)教学模式的借鉴缺乏灵活性

由于各国、各地区、各学校之间的具体情况都会有所差别,因此,这就要求在体育教学过程中运用教学模式时,一定要注意借鉴的程度要适宜,不能照搬全抄,要根据自身的情况来适当调整,从而使教学模式与自身的特点相符,否则会适得其反。

由于体育教学也是一种创造性的活动,这就要求教师要在教学过程中融入自己的教学思想,将一些较为成熟的教学模式应用到体育教学之中,能够使教学内容更加丰富,教学水平也得到有效提高。

第二节　体育教学模式的组合结构及构成要素

一、体育教学模式的整体结构

通常是可以从时间或者空间的角度来对体育教学模式的结构进行分解的。从时间的角度来说,体育教学一般都是按照一定的教学阶段来进行的;从空间的角度来说,则主要是教学理念和教学思想、教学目标和师生关系在教学过程中的地位。一般来说,教学模式的整体结构主要为:教学指导思想与目标——实现条件——操作程序——效果评价。这几部分地位与关系的组合就构成了特定的教学模式。

二、体育教学模式的构成要素

从体育教学模式的整体结构中可以得知,体育教学模式主要是由以下五个要素构成的,每个要素都有其各自的作用和意义。

(一)教学指导思想

教学思想在整个体育教学模式中处于主导地位,是教学模式建立的价值基础,同时,也积极引导着其他方面的发展。具体来说,思想的主要作用在于方向的引导上,可以说,不管是什么样的教学模式,都必须具有一定的教学思想。

在体育教学模式中,教学思想处于基础地位,是教学模式的深层要素,是不在表面上有所体现的,其能够充分反映出教学模式的内在特征。一般来说,教学模式会因指导思想的不同而不同。教学指导思想在教学模式的各个部分都有所体现。

(二)体育教学目标

作为教学模式的核心,体育教学目标对操作程序、师生组合、内容和条件等产生重要的制约作用,同时,其也作为重要的标准来进行教学评价。

特定的教学模式所想要得到的效果,就是所谓的教学目标。对某项体育运动技能的学习可能达到的效果进行事先估计,就是所谓的制订教学目标。从某种程度上来说,教学目标是教学模式主题的具体化,不管是什么样的教学模式,要想对教学模式的适应情况进行检验,就必须要形成一定的教学目标。

(三)操作程序设计

在进行教学活动中,以时间顺序为主要依据进行教学的步骤和教学步骤的具体内容,就是所谓的操作程序,其是教学模型实施的环节和步骤。为了保证体育教学活动的顺利开展,要求教学模式必须有一种可操作性的程序规范。

体育教学活动的程序具有较为显著的复杂性特点,主要表现在两个方面:一方面,要以教材规定为依据,来将技能掌握的教学顺序、教学方法的使用方式等作明确的规定;另一方面,作为活动的实践者,学生的心理也有一个活动顺序。因此,这就要求在创设教学模式时,一定要对这两方面的因素加以考量。另外,还需要强调的是,在特定的教学模式下,教师在坚持原则的基础上是可以对此进行灵活运用的。

(四)教学实现条件

实现条件是保证模式的程序在执行时的可靠性。优化教学实现条件在教学模式效力的发挥中是非常重要且必要的。这里所说的教学实现条件包括的内容非常复杂,其中,较为主要的有两个方面:一个是教学活动的主体——教师和学生,还有一个是教学活动的内容、方法等。教学条件往往就是由这些方面的内容在不同的时间和空间进行组合而成的。

(五)实施效果评价

对教学效果的评价方法和标准,就是所谓的效果评价。效果评价在体育教学模式中具有非常重要的作用和意义,具体来说,不仅能够对教学目标的达成度有更好的了解,而且还能够有效反馈和监控活动过程,调整或重组操作程序和师生活动方式等,从而保证教学目标的顺利实现。

由于体育教学模式具有显著的多样性特点,这就决定着教学效果评价的方法和标准也会具有一定的差异性。只有评价方法与教学模式的特点相一致,才能够保证评价的客观性和准确性。

第三节 多样化反馈篮球教学模式的创新构建

一、多样化反馈教学模式的概念

多样化反馈教学是指在教学过程中按照教学活动的反馈信息,充分利用人类的生理运动和心理认知规律,运用多种手段来提高学生知识技能的掌握、个性以及兴趣爱好的培养,从而达到多元目标的一种教学模式。

这一模式下主要对三个因素较为重视,即"教师""教学内容"和"教学环境",将这些因素进行不同的排列组合,就成为教学条件,组合内容的好坏会直接影响到教学过程,同时,也会对教学目标的实现产生相应的影响。三个要素之间有着非常密切的联系,并且能够形成一定的教学体系。在构建体育教学体系时,要适当排列组合各种因素,并且在某种教学理念的指导下,分析各种教学模式,将教师的主导作用和学生的主体作用充分发挥出来,从而使相应的教学目标得以实现。

二、多样化反馈教学模式的构建原则

要构建科学合理的多样化反馈教学模式,就需要遵循一定的原则,具体来说,主要包括以下几个方面:

(一)明确的类比性原则

通过同类事物之间的对比来对它们之间的形态差异、优缺点进行分析,是建立类比模型的主要功能。因此,这就要求在构建反馈教学模型构建时,要与其他的同类教学模式进行对比。因为只有这样,才能够将两者之间的差异性找出来。从另一角度来说,之所以要转变教育模式就是为了能够将具有显著适应性和推广性的新型的教育模式构建出来,使其能够与现代学生的特点更加适应。因此,这就要求在构建多样化反馈教学模式的时候,一定要与传统的教学模式加以对比,吸取传统的教育模式的优点,而将其不好的方面摈弃掉。

(二)积极的控制性原则

在体育教学课堂上,教师往往具有主要的控制力,往往会对学生的自由产生一定的限制,这就使得学生参与的积极性和主动性受到影响,除此之外,学生的创新能力以及整个团体协作的效果也都可能会受到影响。学生在体育教学模式中处于主体的地位,而老师处于主导地位,因此,这就要求不仅要将学生的主体作用充分发挥出来,提高他们的积极性,而且还要重视教师的引导作用,任何一方面都是不能忽视的。

(三)简明的实用性原则

对于体育教学模式来说,要满足简单实用并且便于推广的条件。通过直观的形象和大量的图标,将信息反馈的规律反映出来,就是多样化反馈教学模式的设计原则。这种教学模式具有较为显著的特点,就是容易理解和记忆,体育工作者掌握和运用也较为容易,同时,对于学生的学习也是较为便利的。由于教育工作者之间存在着较大的差异性,因此,这就要求这一模式要有针对性地采取相应的方法来认识教学内容,这里需要强调的是,不管采用什么样的方法,都必须符合简洁性和实用性的要求。

(四)灵活的操作性原则

理论的形成是为了应用于实践,对实践进行指导,而在实践中的应用,又能够对理论的进一步构建和完善起到检验和改进的作用,因此,这就要求要在实践中不断修正理论,从而更好地服务于实践。

不断发展性是多样化反馈教学模式的一个重要设计原则,这种发展性是在实践操作的基础上的发展。在构建体育教学模式时,要做到从整体上把握,在教学指导思想的指引下,才能将模式中的各个要素进行最优化组合,才能使他们更切合实际,从而有效地达到可操作性的目的。如此,便能够更加完整地发挥出其应有的功能,从而达到预期的效果。

三、多样化反馈篮球教学模式的设计

多样化反馈篮球教学模式包含的内容有很多,因此,要设计这一教学模式,就需要从教学条件、教学目标、教学实施以及评价方式等方面入手,具体如下:

(一)教学条件的设计

在设计多样化反馈篮球教学模式时,需要对实验条件进行严格的限制,从而保证教学模式的科学化和顺利进行。

一方面,可以采取样本选择法来选取教师和学生,要求教师的素质和学生的技能等都处于中等水平,同时,还要保证教师和学生在实验前进行一定程度的交流。

另一方面,要检查教学实验的场所和教学实验的器材。除此之外,还要了解学生的个体素质,从而使信息反馈的代表性得到保障。

(二)教学目标的设计

首先要在现行体育教学思想的指导下,来预估教学目标,并且能够通过教学目标的检查和评估来达到预期的实验目的。一般地,多样化篮球反馈教学的目标可以分为三个方面,即体能目标、技能目标以及其他目标,具体如下:

1. 体能目标

通过反馈模式的实验,能够使学生的身体得到有效的锻炼,不断增强体能,达到要求的体能标准。

2. 技能目标

要求学生必须能够掌握一定的篮球技能,具体来说,主要包括技能的熟练程度和学习技能的方法等。

3. 其他目标

这方面主要涉及学生的情感兴趣培养和能力、个性还有意志等心理品质等内容。具体来说,就是通过多样反馈教学模式,使学生能够形成合作意识,保持乐观心态,具有坚强的克服困难的勇气,同时,还能够从体育运动中体会到乐趣。

(三)教学实施的设计

这种教学模式是通过信息反馈来促使学生将其自身的主动性充分发挥出来,并且将传统的老师讲授和示范,学生观看和练习的单向信息传递模式转化为多元化的信息流通模式。从简单意义上来说,就是通过即时的信息反馈将学生学习的情况以各种方式传出,然后通过外部的评价(这里主要是教师评价)的方式迅速把结果和纠正方法传回学生。这种即时反馈模式能够对学生掌握动作步骤和检验学习效果起到一定的帮助作用。

具体来说,可以将多样化反馈篮球教学模式的特点大致总结为:学生在教师的引导下通过学习与思考、总结与创造同步,同时,在掌握知识之后通过知识的传入与传出过程控制和调节学习。多样化反馈教学模式实施结构的设计如图4-1所示。

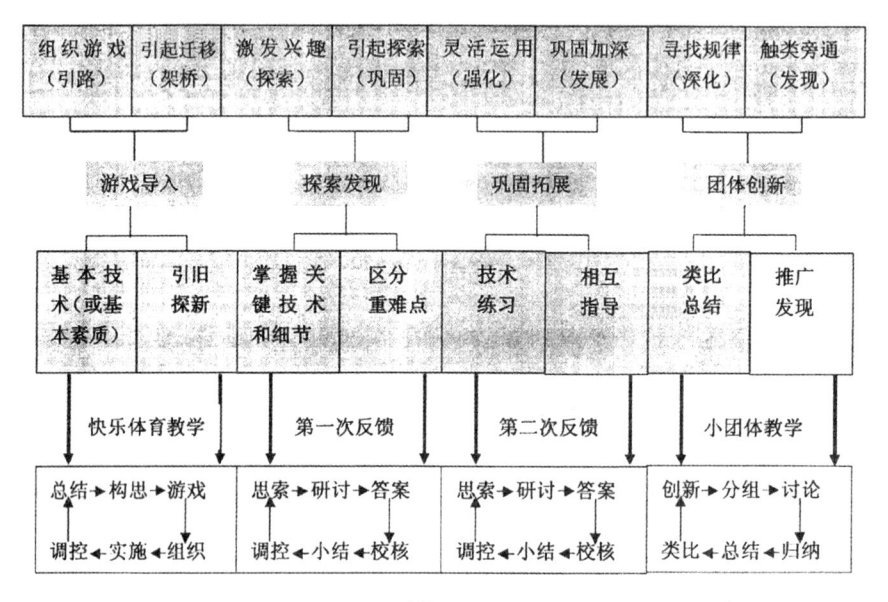

图 4-1

(四)评价方式的设计

使每个成员的能力和水平都得到有效提高,不仅是现代教育模式的特点,同时也是多样化反馈篮球教学模式的重要特点。通过评价系统的设计,能够形成成员之间的合作模式,由此,传统的个人竞争便会逐渐转变为小组竞争。在评价系统中,多样反馈模式采用的是成员成绩的定量分析与定性分析之间的结合。这种模式使得以个人成绩为最终评价的传统方式发生了改变。在实验中,教师的考察对象主要是团体成绩,而实验结束之后,考察对象就变成了成员个体的成绩。另加的内容也由成员的成绩转变为"三维目标",即基本技能和知识,情感和态度还有能力三个方面。而且这三个方面所占的比重有所差别,一般来说,基本技能和知识占到50%,能力占到30%,情感和态度占到20%。同时,评价主体也由单一的教师评价为主逐渐转变为教师和学生共同评价,教师对基本技能和知识进行评价,教师和学生共同评价其余两个方面。

综上所述,可以发现,这种评价体系的设置合理程度要更高一些,在将教师在评价中的大部分权重突出出来的同时,也将学生的自我评价和交互评价结合起来,不仅改进了评价内容,增加了能力和情感的评价,还促进了学生身心的协同、健康成长。

第四节 "课内外一体化"篮球俱乐部教学模式的创新构建

一、"课内外一体化"篮球俱乐部教学模式的理论依据

"课内外一体化"篮球俱乐部教学模式是在一定的理论基础之上构建起来并加以创新的,具体来说,主要包括三个方面,即"非指导性教学"理论、"合作教育学"理论以及建构主义教学理论。这几个理论都有各自的侧重点以及优势和不足,下面就对这三个理论进行简要的分析和阐述:

(一)"非指导性教学"理论

20世纪60年代,"非指导性教学"理论在美国产生,美国人本主义心理学家罗杰斯是其主要代表人物,因此,这一理论也被称为人本主义的教学理论。"非指导性教学"理论强调人人都有学习动力,都能确定自己的学习需要;教学必须以学生为中心;教师是帮助学生探索生活、学业的促进者;教学的最终目标是促进学生的个性发展。在"非指导性教学"理论中,教师的主要职责由教授逐渐转变为引导学生。

由于"非指导性教学"理论不仅能够使学生的主体地位得到

肯定，并且使教师的职责发生转变，而且还能够把人际关系、情感态度看作是实现教学目的的主要条件，并且提出了创造一种真诚、接受和理解的气氛，使学生信任自己体验和价值，形成事实的自我概念的主张。这也是其作为"课内外一体化"篮球俱乐部教学模式的理论依据的主要原因所在。

不可否认的是，"非指导性教学"理论也有其缺点，鉴于此，可以相对应地提出一些要求，可大致归纳为三个方面：第一，一定要对教师在教学中应起的作用加以重视；第二，在保证学生获得系统知识的基础上，让学生根据兴趣对学习的目标、内容、进程、方法和评价进行自主选择；第三，创设良好的人际关系、情感态度的教学情境。

（二）"合作教育学"理论

20世纪80年代后期，"合作教育学"理论开始出现。这一理论主要倡导教育过程中的师生合作，对学生的学习兴趣、学习能力的培养以及个性的健康发展都非常重视，同时，还提出了取消分数而以发展学生的认知积极性为目标的主张。阿莫纳什维利、雷先科娃、沙塔洛夫等人是这一理论的主要代表人物。

"合作教育学"理论，不仅提倡教师与学生的人格平等，主张营造民主、和谐的课堂气氛，而且还在其评价体系中，将培养学生自我评价和自我控制的能力作为评价体系的重要组成部分，进而使学生通过自我分析、自我评价，达到自我调节自己的认识活动的目的。这也是将这一理论作为"课内外一体化"篮球俱乐部教学模式的理论依据的主要原因所在。

（三）"建构主义"教学理论

建构主义，也被称为结构主义，是20世纪80年代产生的一种理论。皮亚杰和布鲁纳是主要的代表人物。该理论的主要观点为世界是客观存在的，但是，每个人自己能够决定对世界的理解和赋予的意义。现实的构建往往是在人们自身经验的基础上进行的,而每个人的经验以及对经验的信念都存在着一定的差异性,这就使得人们对外部世界的理解也存在着较大的差别。

构建主义教学理论对学习环境、学习过程都是非常重视的,与此同时,其还重视对各种信息资源的充分利用,并以此来为学生的主动探索和完成意义建构提供相应的支持和帮助。这也是将其作为"课内外一体化"篮球俱乐部教学模式的理论依据的主要原因所在。

另外,不可忽视的是,在实际操作中构建主义教学理论也存在着一定的问题,主要表现在三个方面:第一,对实际知识的传授不够重视,这就对学生适应能力的培养加大了难度;第二,对教师的要求较高,这在能力和责任心方面都有所体现;第三,对教学设施和教学条件有着较高的要求。

二、"课内外一体化"篮球俱乐部教学模式的教学目标

体育教学模式的教学目标能够对教学实践起到积极的指导作用,同时,还要求其必须是完整且系统的。一般地,可以将教学实验中"课内外一体化"篮球俱乐部教学目标逐级细化为教学总目标、课程目标、单元目标、课时目标,并在实际操作中有针对性地加以运用。

(一)教学总目标

期望教学达到的最终结果,就是所谓的教学总目标。可以说,这是整个教学目标的最顶端,能够有效指导下面的各个层次的具体教学目标,意义重大。

"课内外一体化"篮球俱乐部的教学总目标是在"健康第一"的思想指导下,依据学生兴趣爱好的激发来将教学目标确定下来,并且遵循以学生为本的原则,在弘扬人的主体性的前提下,对学生个体特征、体育兴趣与特长的发展引起高度的重视。除此之外,教学总目标还能够使传统教学模式中学生被动接受的局面得

到有效的改变,教师的角色也发生了转变,逐渐成为教学的指导者和学生的咨询者,从而使学生不仅能逐渐培养成良好的终身体育锻炼的习惯,还能够对体育的魅力有更深体会。

(二)课程目标

由学校教学中各门学科目标组成的目标系统,就是所谓的课程目标。由于各个学科的特点和性质存在着一定的差异性,因此,所达到的目标也会有所差别。

(三)单元目标

各门课程中相对完整的划分单位,就是所谓的单元。其能够将课程编制者或教师对一门课程或概念体系结构的总的看法,以及在此基础上对这种结构按照教育科学的要求所进行的分解和逻辑安排充分反映出来。单元教学目标在教学实践中是对该单元教学的具体要求,对指导教师的教学具有重要意义。

(四)课时目标

课时是教学活动的基本单位。一个单元的教学目标往往需要由连续的几个课时来完成。而每一课时的教学目标既是课时目标,又是对单元教学目标的进一步具体化。课时目标是和每次教学活动相联系的目标,是非常具体、明确而富有成效的。正是一个个课时目标的实现,才为整个教学目标系统的逐层落实奠定了基础。

除了教学总目标,课程目标、单元目标以及课时目标都有具体的篮球项目目标,并且在知识技能和情感方面的体现都有所不同,具体见表4-1。

第四章 学校篮球运动教学模式的创新构建

表 4-1 篮球项目的目标分析

	课程目标	单元目标	课时目标
概述	学生在选择篮球项目作为本学期的体育学习内容时所遵循的是自愿原则。要求学生在教师的指导下,能够对日常生活所必需的体育保健知识和篮球运动技能技巧,以及实际应用的科学锻炼和娱乐休闲的方法有所掌握,从而使其能够在拥有健康的体魄的同时,也能够养成坚持锻炼的良好习惯,进而为终生体育锻炼奠定基础	要求学生在教师的指导下,将每单元的学习计划确定下来,同时,还要依据学习掌握的进程来对此进行适当的调节,并使其完善程度越来越高。另外,学习的方法和手段方面也需要不断改进,从而形成与个人兴趣和特点相适应的科学的学习方式	教师指导,学生实践,是主要的授课方式;激发学生兴趣爱好、培养学生终身体育意识是主要的教学内容;倡导多样化的学习方式,引导学生采用自主学习、合作学习和探究学习的方式,从而对学生学会学习起到积极的促进作用
知识技能学习方面	学习篮球,能够对系统的学习方法和训练方法有所掌握,同时还能够与实际结合起来有针对性地进行体育锻炼,对学生体育知识技能和体育素质的提高都是非常重要的	以个人的学习计划和兴趣爱好为依据,来以单元为单位学习篮球技术和知识。通常,会要求学生在每个单元要对 2 种以上篮球基本技术和战术有所掌握,并且对相关的裁判规则有所了解,除此之外,还要对 3 种以上的体能训练方法有所掌握,同时,还能够将所学知识应用于实践中,自行组织相关比赛,从而使自身专业水平得到有效提高	以个人的学习计划和兴趣爱好为依据,在教师的指导下,来对篮球的基本技术动作和裁判规则进行学习和掌握,同时,还要以自身的身体素质情况为依据来有针对性地选择至少 1 种体能训练方法来加以学习和练习

续表

	课程目标	单元目标	课时目标
情感方面	使学生对篮球运动的乐趣有所体验,使心理状态得到调节和改善,并且对良好的意志品质进行培养。除此之外,在"课内外"的学习过程中,还要不断提高协作交流的技巧,对乐观的生活态度和社会适应能力进行重点培养	随着单元学习的不断推进,要求学生能积极地与老师及同学进行协作、交流。与此同时,在组织和参与各种比赛或游戏方面具有较高的积极性和主动性,对体育运动所带来的乐趣有所体会,建立起乐观的生活态度	要求学生能够通过篮球学习,具有端正的学习态度,不仅乐于帮助及激励同学,还要乐于与同学进行合作,与老师进行沟通。尽可能做到每堂课都有新的收获,并且充分享受体育运动带来的乐趣

三、"课内外一体化"篮球俱乐部教学模式的操作程序

(一)操作程序概述

在教学实践中,经过不断的尝试,不断总结并摸索出来的经验,将这些经验系统化,就是教学操作程序。以该体育教学模式的指导思想、目标及使用配套的教学方法为主要依据,按照操作程序,就能够使教学活动得以系统、顺利地开展。操作程序的设计对于教学模式的实际操作,以及该模式在其他运动项目中得以推广和应用都是非常有利的。

"课内外一体化"篮球俱乐部教学模式在操作程序上对教师营造开放式的教学情境,从而使学生对篮球运动的求知欲和兴趣爱好得到较好满足是非常重要的。具体来说,教师通过引导式的教学组织形式的运用,来让学生首先对学习的总的内容、总的目标有一定的了解,然后以自己的学习风格和个性特点为主要依据

第四章 学校篮球运动教学模式的创新构建

来将学习的方式设计出来。

(二)操作程序设计

(1)"课内外一体化"篮球俱乐部教学模式操作程序总体设计(图 4-2)。

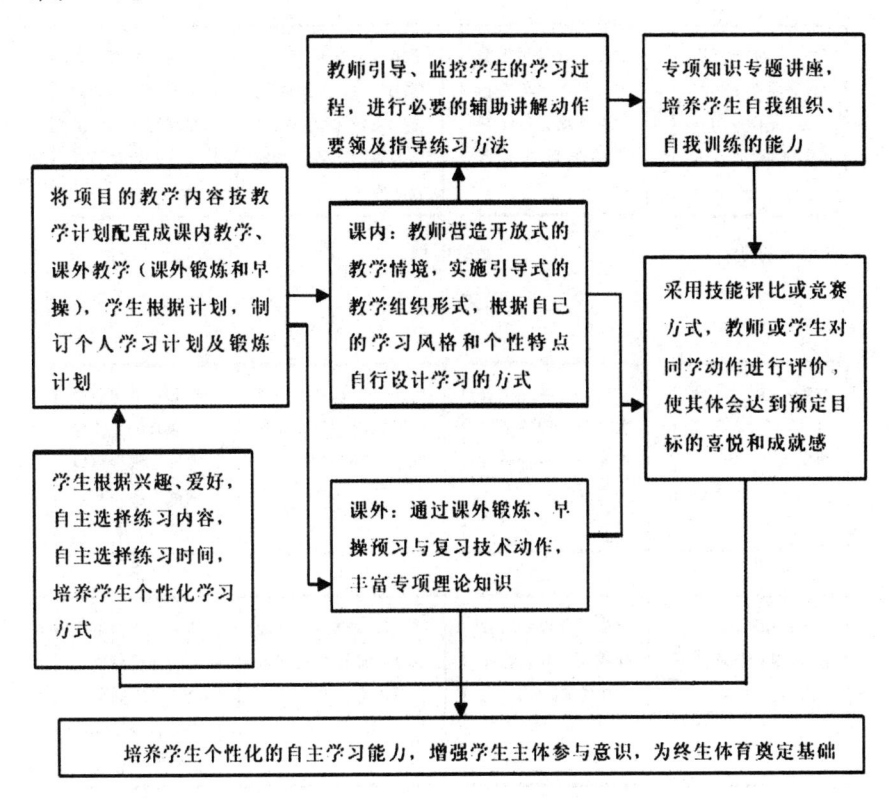

图 4-2

(2)"课内外一体化"篮球俱乐部教学模式课内教学操作程序(图 4-3)。

(3)"课内外一体化"篮球俱乐部教学模式课外教学操作程序(图 4-4)。

图 4-3

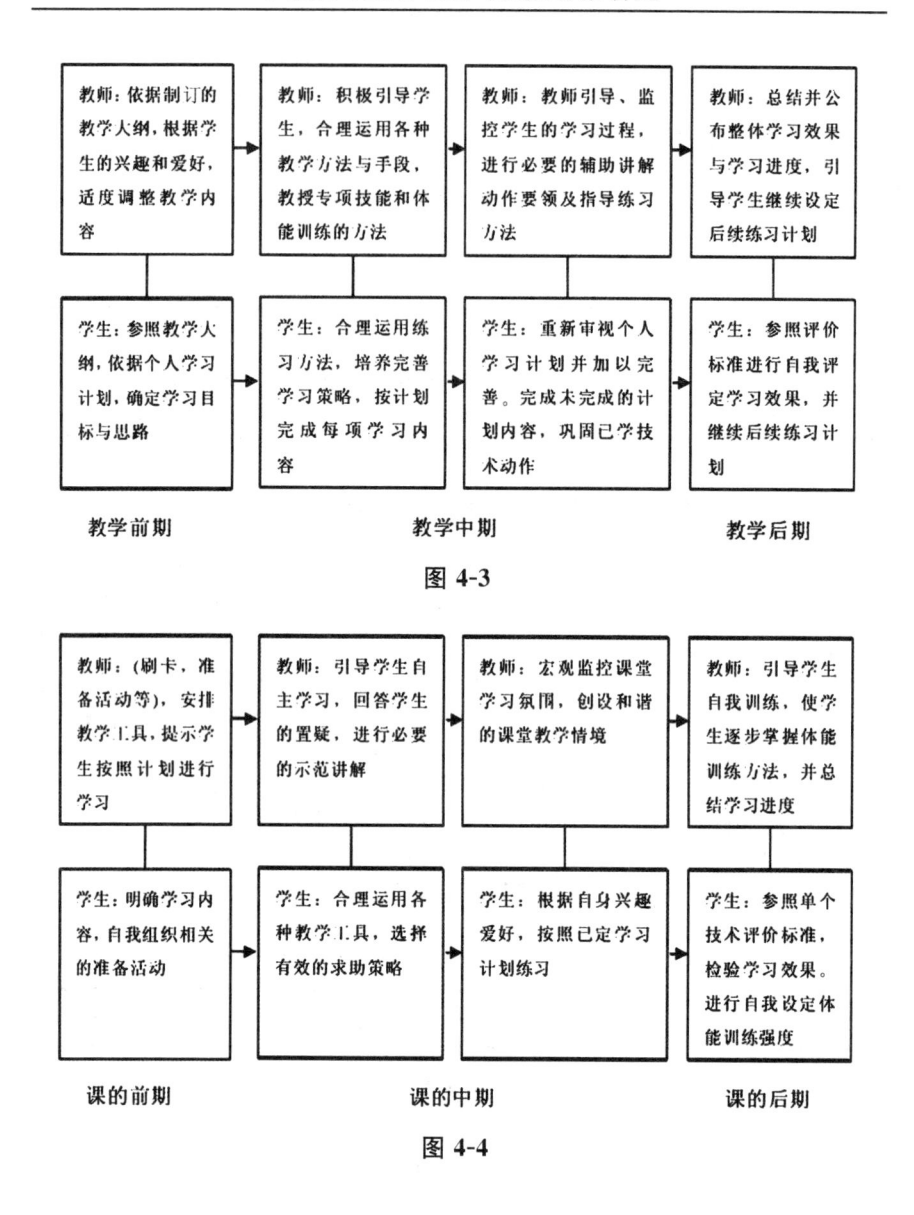

教学前期 / 教学中期 / 教学后期

教师：依据制订的教学大纲，根据学生的兴趣和爱好，适度调整教学内容 → 教师：积极引导学生，合理运用各种教学方法与手段，教授专项技能和体能训练的方法 → 教师：教师引导、监控学生的学习过程，进行必要的辅助讲解动作要领及指导练习方法 → 教师：总结并公布整体学习效果与学习进度，引导学生继续设定后续练习计划

学生：参照教学大纲，依据个人学习计划，确定学习目标与思路 → 学生：合理运用练习方法，培养完善学习策略，按计划完成每项学习内容 → 学生：重新审视个人学习计划并加以完善。完成未完成的计划内容，巩固已学技术动作 → 学生：参照评价标准进行自我评定学习效果，并继续后续练习计划

图 4-4

课的前期 / 课的中期 / 课的后期

教师：(刷卡，准备活动等)，安排教学工具，提示学生按照计划进行学习 → 教师：引导学生自主学习，回答学生的置疑，进行必要的示范讲解 → 教师：宏观监控课堂学习氛围，创设和谐的课堂教学情境 → 教师：引导学生自我训练，使学生逐步掌握体能训练方法，并总结学习进度

学生：明确学习内容，自我组织相关的准备活动 → 学生：合理运用各种教学工具，选择有效的求助策略 → 学生：根据自身兴趣爱好，按照已定学习计划练习 → 学生：参照单个技术评价标准，检验学习效果。进行自我设定体能训练强度

四、"课内外一体化"篮球俱乐部教学模式的教学方法

不管是什么样的教学模式，科学合理的教学方法体系都是必不可少的，这对于教学目标的实现有着非常重要的作用和意义，而这对于"课内外一体化"篮球俱乐部教学模式来说也是如此。由此可以看出，建立科学、系统的体育教学方法体系，并使其逐步

趋于完善是非常重要且必要的。

在"课内外一体化"篮球俱乐部教学模式的教学过程中,研究者分别从运动技能和理论知识的掌握、体能训练的提高、教学评价的实施三个层面来对教学方法进行分类说明。首先,其对体育教学方法多种多样的类别进行了说明,讲解法、示范法、纠正错误教学法、表演法、鼓励法等常规的教学方法在教学实验中是一定会用到的,这是任何体育教学模式都无法规避的。因此,这就要求要重点对有针对性、特殊性、必要性的教学方法进行阐述解释。

"课内外一体化"篮球俱乐部教学模式的教学方法体系可以从图 4-5 中得到直观且形象的展示。

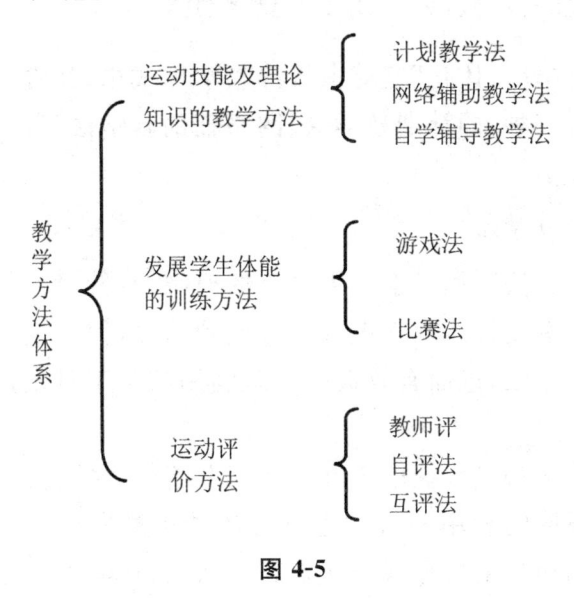

教学方法体系
- 运动技能及理论知识的教学方法
  - 计划教学法
  - 网络辅助教学法
  - 自学辅导教学法
- 发展学生体能的训练方法
  - 游戏法
  - 比赛法
- 运动评价方法
  - 教师评
  - 自评法
  - 互评法

图 4-5

(一)发展学生体能的教学方法

通常,如果是单独发展学生的体能素质,往往会用到持续法、负重法、间歇法等基本方法,但是,在篮球运动教学中发展学生体能的方法则主要有游戏法和比赛法,究其原因,主要是由于"课内外一体化"篮球俱乐部教学模式,不仅对学生自我组织、自我锻炼、协作交流的能力非常注重,而且还能够通过游戏教学法的运用,来使学生的被动参与逐渐转变为主动参与,参与的动机越来越强烈,这就将学生的创造性和主观能动性充分发挥出来,这对于学生良好的学习氛围的营造是非常有利的。

在"课内外一体化"篮球俱乐部教学模式中应用游戏法与比赛法,主要有两个目的:首先,是通过游戏法的应用,来将学生对篮球运动的兴趣有效激发出来,创设和谐教学情境,从而为模式的实施作好铺垫;其次,将比赛法应用于课程学习的后半阶段,这样做的主要原因在于,通过循序渐进的比赛法的运用,能够使学生具备参加比赛的基本体育技能,同时,还能将掌握的基本技能和裁判法结合比赛的形式体现出来。

(二)运动技能及理论知识的教学方法

在"课内外一体化"篮球俱乐部教学模式中,经常用到的教学方法主要有三种,即计划教学法、网络辅助教学法、自学辅导教学法,具体如下:

1. 计划教学法

计划教学法遵循以学生为中心的原则,有针对性和目的性地来对学生的运动技能和知识进行传授和培养,使学生能够养成有计划的学习方法,进而有效提高合理利用教学工具及选择、组织、构造的能力。

计划教学法与传统教学方法之间有着较大的差别,其主要是通过教学环境的利用来将学生学习的动机激发出来,同时,其还以教学大纲和学生自身兴趣和爱好为依据,在学习计划的制订和教学内容的选择方面体现出显著的自主性。

将计划教学法应用于"课内外一体化"篮球俱乐部教学模式的实际教学中,首先,要让学生对学习的目的和目标加以明确,将学习计划制订出来,然后将其应用于教学实践中,并在完成计划后进行评价,从而使学生享受计划学习目标达到的成功体验。

2. 网络辅助教学法

网络辅助教学法在现代体育教学中有着非常广泛的应用,具体来说,其主要是指以计算机网络技术为主要教学媒体进行教学活动的技术辅助的教学方法。这一教学方法对于学生课后的预习和对理论知识的掌握是非常有帮助的。

网络辅助教学法能够将学生的学习欲望充分激发出来；通过及时反馈功能的应用来帮助学生进行自主性的学习；通过人机交互，使学生可以通过学习，将所学的内容内化成自己的技能、品质或精神特点，从而取得理想的教学效果。

在实际教学中，要求教师要将网络信息技术特点与学生身心发展特性以及学科自身特点有机结合起来，并且依据学生的学习任务和学习目标，来对新颖的教学技术软件资源进行有针对性的设计。

3. 自学辅导法

学生在教师的辅导活动下有效的学习活动，就是所谓的自学辅导法。具体来说，这是一种将学生的自学和教师辅导结合在一起的师生双方交互活动。

自学辅导法要求教师在课前将教学的目标和任务传达给学生，学生利用教学资源在教师的辅导下进行自我学习。另外，教师辅导者的地位能够更好地将学生学习的积极性调动起来，这对于学生独立思考与解决问题能力的提高是非常有益的。

由此可见，自学辅导法就是教师在教学活动进行之前，将学生自学的内容布置下去，使学生先自行通过学习发现问题、解决问题，如果无法解决，再去请老师进行辅导和讲解的一种教学方法。

(三)运动评价方法

教师评价、学生的自评和互评，在"课内外一体化"篮球俱乐部教学模式中都有所应用。学生的自评是学生对自身的学习进行的一种评价形式，具有非常重要的意义。

通过自我评价法的应用，能够积极引导学生对自己的学习进行自我省察，通过积极鼓励的方式来使学生多动脑筋，对自己学习的长处和短处进行思考。需要强调的是，这种评价方法能够使评价对学生造成的负面影响降到最低,这不仅使现代教育观念中对人性发展的要求得到较好的满足,同时,也将学生个性发展的特点突出了出来。另外,为了保证学习自我评价的客观性和科学性,要求教师在评价过程中要做到积极的引导工作,使学生要遵循实事求是和个体差异原则,对过程、态度、进步都进行充分考量,让每位学生都能够获得成功的体验。

五、"课内外一体化"篮球俱乐部教学模式的实现条件

要想实现"课内外一体化"篮球俱乐部教学模式,就需要具备一定的实现条件。一般地,可以将本模式实施过程中的实现条件大致分为两个方面:一个是硬件条件,一个是软件条件,而且缺一不可。

（一）硬件条件

"课内外一体化"篮球俱乐部教学模式实施的过程当中,所用到的硬件条件主要有两个:一个是适宜练习的体育场地；另一个是项目所涉及的设备与实验器材。主要涉及的实验器材见表4-2。

表4-2 "课内外一体化"篮球俱乐部教学模式涉及的实验器材

名称	数量	用途
计算机	2	终端机、工作机
服务器	1	连续读卡器
打印机	1	打印数据
移动硬盘	1	输出、储存数据
读卡器	若干	记录学生课外锻炼情况

第四章 学校篮球运动教学模式的创新构建

(二)软件条件

在"课内外一体化"篮球俱乐部教学模式实施过程之前,软件条件成为模式可实施的重要前提和保障。在模式当中,软件条件主要用到学习项目的网络多媒体课件(其中包括单机版和网络版课件)、教学计划与大纲、教材等等。本文重点说明的是网络与多媒体课件。

当前,多媒体计算机技术发展迅速,多媒体教学单机版和网络版课件的研制已初具规模,这就为"课内外一体化"篮球俱乐部教学模式的顺利实施提供了科学、有效的软件条件。

六、"课内外一体化"篮球俱乐部教学模式的教学评价

教学评价对教师的教学活动和学生的学习行为具有重要的导向和调节作用。不同的体育教学模式需要不同的评价体系,"课内外一体化"篮球俱乐部教学模式也不例外,要根据其教学思想、教学目标、教学程序、教学条件等各个要素实施,按照其评价原则设定评价的目标和方法手段。

(一)评价要做到公开与透明

这里所说的公开与透明主要是指评价标准和评价方式。

评价标准的公开性,就是要事先公开"课内外一体化"篮球俱乐部教学模式的评价标准,公开化的评价标准有三个"有利":首先,要对学生以及标准进行系统学习有利;其次,要对学生在学期计划的制订过程中有参考依据有利;最后,要对学生课内外学习自我评价的完成有利。

评价方式的透明化,就是毫无保留地将评价的意义和作用告知学生。切忌通过修饰性的语言来对学生产生误导,否则会对学生评价的客观性和科学性产生不利的影响。

(二)综合评价标准

综合评价标准主要对学生身体素质、技能、体育基础知识、健康状况、学习态度和锻炼意识等方面进行评价。具体来说,"课内外一体化"篮球俱乐部教学模式的综合评价标准主要有五个方面的内容:学生体质健康标准(10%)、学习态度和出勤情况(20%)、身体素质(30%)、运动专项评价(30%)和基础理论课程(10%)。这五个方面的评价标准也不同,具体如下:

(1)学生体质健康标准:达标得10分,不达标得0分。

(2)学习态度和出勤:由基础分、扣分和加分三部分组成。基础分为10分。扣分包括:学生旷课一次扣3分,病假一次0.5分,事假一次0.5分。课堂上教师对不遵守纪律和学习态度消极的学生,点名一次扣0.5分,两次扣1分,依此类推。加分包括:课堂表现突出加0.5分,参加体训部组织的课外体育活动(包括校运会等各种比赛)一次加1分,获得第一名加1分,前三名加0.5分,观众加0.5分。需要强调的是,基础分(10分)扣完不再扣分,达到最高分(20分)不再加分。

(3)身体素质:俯卧撑(男子)、1分钟仰卧起坐(女子)学期初测试一次,记录原始成绩,学期末测试,根据学生成绩提高幅度分别进行扣分和加分,此项成绩满分为30分。

(4)运动专项评价:(学生自评+学生互评+教师评价)×30%。

(5)基础理论课程:学生笔试成绩总分×10%。

第五章 学校篮球运动训练的基本理论

在学校篮球运动训练过程中,运动员应对运动训练的基本理论进行掌握,合理安排运动负荷量,制订科学的运动训练计划,并对运动训练的效果进行有效考评。本章就对学校篮球运动训练的基本理论进行分析。

第一节 学校篮球运动负荷的基本要素与特征

一、篮球运动负荷的基本要素

运动负荷即为人们在运动实践过程中,机体所完成的一定工作内容的量度。可将运动负荷分为两种,即为外部负荷和内部负荷。外部负荷是对人体施加的运动刺激,内部负荷则是机体在承受外部负荷时所表现出的内部应答反应。运动负荷可分为不同的种类,在教学中有教学负荷,在训练中有训练负荷。不管是何种负荷,如果对其进行定量分析,则可将其分为运动负荷强度和运动负荷量量化(图 5-1)。

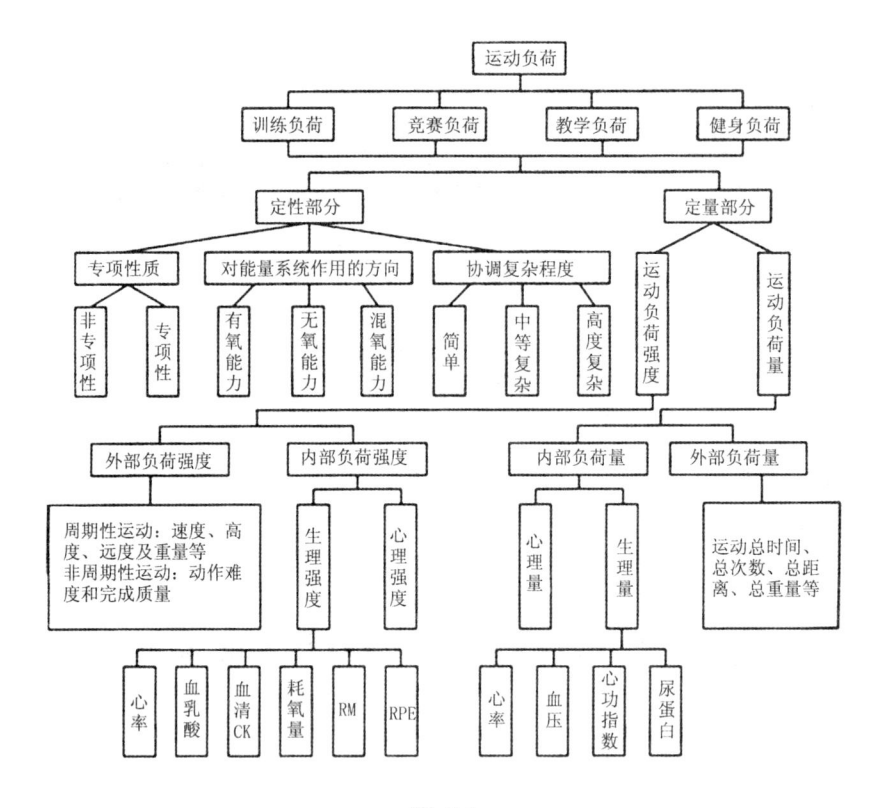

图 5-1

(一)负荷强度

负荷强度是指单位时间里或单个动作中所完成的训练量或所表现出的生理、心理负荷的反应量。运动负荷的强度反映了运动对于机体刺激的深度,其又被称为"运动强度"。在走跑、游泳等一些周期运动项目中,运动的速度即为运动强度。而非周期性运动项目中,运动强度即为用力的大小,是一次性阻力负荷的重量或单位时间内完成阻力负荷的总重量。

在运动训练中,为了准确了解和控制运动负荷强度,通常将心率指标作为控制运动负荷强度的重要方法。在篮球运动训练中,为了促进运动员达到相应的训练水平,负荷强度必须达到一定的阈值水平。有效心率阈值＝安静心率＋(最大心率－安静心率)×60％。

第五章　学校篮球运动训练的基本理论

在运动训练过程中,有氧运动训练常用最大摄氧量百分比、最高心率百分比和梅脱(METs)来表示个人的相对运动强度;无氧运动训练中常用速度来表示运动负荷强度;力量训练中常用最大重复次数(RM)来表示运动负荷强度。

(二)负荷量

运动负荷量又称为"运动量",其是运动负荷对机体刺激的数量,一般由时间、次数、距离、重量等组成。

(1)时间即为运动训练的总时间,如训练课的时间、一次练习所能坚持的时间等。

(2)次数即为练习相应的技术动作的次数。

(3)距离多用于周期性项目的负荷量的表达,如走、跑、游泳等,以一定速度完成一段距离或总距离量。

(4)重量是指完成练习的总负荷重量。

在篮球运动训练中,运动员随着训练水平的不断提高,其训练的负荷量也变得越来越重要。训练中,必须达到相应的负荷量,这是达到不断提高水平的重要前提。

(三)负荷强度与负荷量的运动效应比较

在运动训练过程中,负荷量所引起的人体反应是相对较为缓和的,其所产生的适应程度也较低,但相对稳定,消退也较慢。负荷强度刺激所引起的机体反应比较强烈,可较快地提高机体各器官系统的机能,而且所产生的适应性影响也比较深刻,但是机体获得的适应并不稳固,消退也较快。

负荷的量与强度彼此依存并相互影响。负荷量是基础,负荷强度是关键。篮球运动员要想提高运动水平,对于高水平运动员而言,应加大训练负荷强度,使机体机能水平达到最高。大众在进行业余篮球运动训练时,应选择安全的负荷强度,并达到一定的负荷量,这样才能达到相应的锻炼效果。

(四)负荷强度和负荷量的比例分配

在开展篮球运动训练时,会根据篮球比赛来安排相应的运动训练计划,制订相应的训练目标。不同的阶段,训练任务不同,则其负荷强度与负荷量的比例分配也有所不同。通常设计的负荷强度与负荷量的比例分配见表5-1。

(1)在竞赛准备期前期,采用增量减强度、增量保持强度的安排。

(2)准备期后期采用保持量和强度、减量增强度的安排。

(3)比赛期采用加强度减量、保持强度和量的安排,但比赛中应采用减量保持强度、保持量减强度的安排。

(4)休整期采用减量减强度、保持量减强度的安排。

对于新手而言,在训练初期,要低强度小量;随着机体对篮球运动的适应,要保持强度逐渐增加负荷量,继而再保持负荷量逐渐增加负荷强度,到最后同时增加负荷量和负荷强度达最佳运动负荷范围。

表 5-1 运动负荷强度和负荷量的比例关系

类别	增强度	保持强度	减强度
增量	加强度增量	保持强度增量	减强度增量
保持量	保持量加强度	保持量保持强度	保持量减强度
减量	加强度减量	保持强度减量	减强度减量

二、篮球运动的负荷特点

篮球运动比赛尤其鲜明的特点,通过对CBA篮球比赛的分析,可将篮球运动的负荷特点归纳为如下几方面:

(1)在一场篮球比赛中,运动员总的跑动距离在6 000米左右,并且不同位置球员会有一定的差异性,一般中锋球员跑动距离相对较少,而后卫和前锋跑动相对较多。篮球运动场地相对较小,并且在进攻合法防守时会有一定的时间限制,身体接触较为激烈,对于运动员的能量消耗较大。另外,在篮球运动比赛中会频频进行换人,从而使得运动员能够得到充分的休息。这些都在一定程度上限制了篮球运动员的跑动距离。

(2)篮球运动比赛中,运动员以无氧和有氧混合供能,中低强度的有氧供能 75% 左右,高强度及冲刺跑所占比例较少不到 10%。

(3)不同位置的球员,其无氧供能跑动距离也不同。一般中锋球员无氧跑动很少,而前锋和后卫则相对较多。

(4)篮球运动员在比赛过程中,不同位置的球员在跑动的范围上也会有一定的差别。前锋球员和后卫球员的活动范围较大,其会在整个前场范围跑动,中锋的活动范围相对较小,主要在三秒区、篮下范围内活动。

第二节 学校篮球运动训练负荷的合理安排

一、篮球运动训练中负荷的安排

(一)渐进式地增加负荷的量度

在篮球运动训练过程中的不同阶段,应对运动训练的负荷量和负荷强度进行相应的调整,通过不断加大运动负荷来收到理想的训练效果。运动训练过程中,增加运动训练的负荷可采用如图 5-2 所示的几种形式。

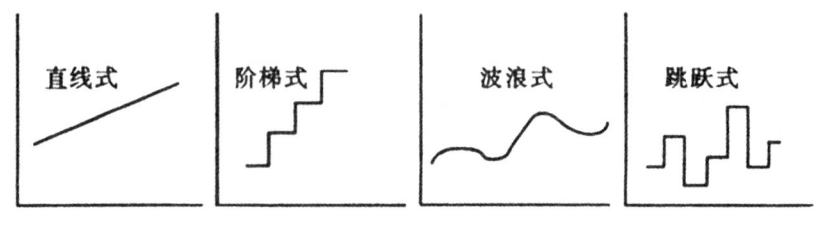

图 5-2

1. 直线式递增

在安排训练负荷时,采用直线式的增加方式。这一增加运动负荷的方法对于运动强度的增加并不明显,其主要是对运动的练习时间、次数、距离等方面的增加,也即为运动负荷量的增加。这一负荷增加的方式多适用于刚开始运动训练的球员,其起点相对较低,需要逐步提高。

2. 阶梯式递增

阶梯式递增运动训练的负荷即为在运动训练过程中,练习一段时间之后,增加一次负荷,然后练习和保持一段时间。采用这一负荷增加的方式时,若以日为单位,负荷呈阶梯式上升;若以周为单位,负荷则表现出斜线上升的趋势。这种增加运动负荷的方式适用于不同训练阶段的球员。

3. 波浪式递增

在运动训练时,对运动训练的负荷进行波浪式递增,负荷的增加有一定的起伏,每一次安排较低的负荷时,要比上一次训练的最高负荷要低一些,使得训练效果不断巩固提高。这一运动训练负荷增加的方式既能保持相对较高的运动负荷量,同时,又能使机体得到相应的休息。在篮球运动训练过程中,这一训练方式适用于不同训练阶段的运动员。

4. 跳跃式递增

运动训练负荷的跳跃式递增主要适用于优秀的运动员。在运动训练过程中,长期的运动训练会使球员的各组织、器官形成一定的生理模式,保持在相对较高的水平,但是也限制其进一步发展。这时通过突然增加运动负荷量,能够对机体产生有效的刺激,从而促进球员运动水平的提高。通过进行跳跃式增加运动训练负荷,能够使机体的平衡被打破,促使新的内部联系的建立。

(二)科学地探求负荷量度的临界值

在运动训练过程中,运动员都会有相应的运动负荷量度临界值,不同的运动员,其符合量度临界值会受运动水平、发育程度等的不同而不同。同时,健康状况、心理状态和休息情况等方面都会对其运动负荷临界值产生相应的影响。因此,在进行篮球运动训练时,为了保证训练的科学性,应对其负荷量度临界值进行科学测定。在运动训练过程中,应注意如果不能准确掌握运动负荷临界值,则应在训练负荷安排时留有一定的余地,避免出现过度训练。

在篮球运动训练过程中,增加运动负荷会促进运动员运动水平的提高,并且运动训练的负荷越接近运动员所承受的能力极限,则其训练的效果往往也会越显著。因此,在运动训练时,应准确掌握每个运动员的负荷量度的极限。

(三)建立科学的诊断系统

在篮球运动训练过程中,由于不同的球员其生理状况和运动训练水平会有一定的差异性,这就使得即使相同的运动训练负荷,则不同的球员也会有不同的训练效果。另外,运动负荷还受到多方面因素的影响。为了在训练过程中了解球员的具体状况,科学安排运动负荷,应建立科学、完善的诊断系统,选取可靠的指标,在恰当的时间用科学的方法客观地进行准确的诊断。

(四)正确处理负荷与恢复的关系

在篮球运动训练过程中,人体的能量消耗会增加,并且随着运动负荷的增加,人体能量的消耗也会增多。在运动训练之后,球员会出现一定的运动疲劳。不管是球员还是教练员,应妥善处理负荷与恢复的关系。

运动训练离不开积极的恢复,如果运动员不能得到有效的恢复,会使球员的训练效果受到一定的影响,不利于运动训练的开展。相关的运动训练理论甚至认为,训练的效果正是在机体的恢复阶段显现的,通过训练之后的恢复促进了人体机能的巩固和提高。

在篮球运动训练过程中,为了取得良好的训练效果,应注重运动员的恢复。在运动训练时注重运动员的恢复不仅是指在运动训练之后注重运动员的恢复,更是注重在制订相应的运动训练计划时,统筹规划,注重运动员恢复的安排。

(五)注重超量负荷与应激原理的应用

在篮球运动训练过程中,应注重超量负荷与应激原理的应用。

超量负荷原理即为在运动训练过程中,训练负荷不应停留在一个水平上,而是应该不断提高运动负荷的水平,打破机体对于原先运动负荷的适应和平衡,从而适应新的负荷水平。

超量负荷的生理学基础即为应激学说。这一理论认为,应激是人体对于超乎寻常的刺激的一种生理和心理的综合反应。例如,当人体受到冷、热、痛等刺激时,身心会产生相应的刺激反应。球员在训练和比赛过程中,其所遇到各个方面都可能是引起运动员应激状态的应激源。在运动训练过程中,超量负荷是一种超乎寻常的刺激,会引起运动员发生相应的应激反应。

二、篮球运动负荷的指标

在制订相应的运动负荷时,可通过相应的指标来对其进行衡量,这些指标能够在一定程度上反映负荷对机体刺激的大小,对于科学安排负荷量具有重要的意义。

第五章　学校篮球运动训练的基本理论

(一)摄氧量与耗能量

在运动时,人体的摄氧量和耗能量都会急剧增加。通过对运动时的实际摄氧量和耗能量进行分析,能够了解运动负荷情况。

1.摄氧量

摄氧量是机体摄取并被实际消耗或利用的氧量。需氧量则是人体为了维持相应的生理活动所需要的氧量。在安静状态下,需氧量与摄氧量是相当的。当运动状态下,需氧量会增加。在运动实践中常常使用摄氧量反映运动强度。

2.最大摄氧量百分比和摄氧量储备百分比

最大摄氧量百分比(%VO_2max)是运动时的摄氧量占其最大摄氧量的百分比。

摄氧量储备百分比(%VO_2R)是近年来更多使用的反映负荷强度大小的指标。VO_2R是摄氧量最大值与安静值的差值,%VO_2R即为运动的净摄氧量与最大净摄氧量的百分比,其计算公式为:

$$\% VO_2R = VO_{2安静} + x\% \times (VO_2max - VO_{2安静})$$

(二)最大肌力

在进行一些力量性运动训练时,运动负荷强度通常采用最大肌力百分比(%1RM)来作为参照。1RM是指运动员能够一次成功推举的最大重量。若运动员的1RM重量是100千克,80千克负重强度则是80%1RM强度。在运动训练过程中,应首先对1RM进行科学测量。

(三)心率与脉搏

心率是反映运动负荷大小的常用指标,在一定的生理范围之内,随着运动负荷强度的增加,心率也会随着升高。心率的监控经常被用作健康负荷强度的有效指标。

1. 最高心率公式

常用的估算最高心率的方法为：高心率＝220－年龄。这一公式的误差相对较大，较为科学的公式为：最高心率＝208－(0.7×年龄)。在运动训练过程中，通过对运动员恢复期的心率进行分析，能够对运动量进行相应的判断。具体如下：

(1)一般人体在进行小负荷量运动后，心率5～10分钟即可恢复到安静水平。

(2)中等负荷量运动后，心率5～10分钟不能完全恢复到安静水平，仍较运动前快2～5次/分钟。

(3)大负荷量运动后，心率5～10分钟未完全恢复，仍较运动前快6～9次/分钟。

人体的最高心率具有一定的差异性，运动员在进行运动训练时，负荷强度可根据最高心率和安静心率两者来进行确定。人体运动时的最高心率与最低心率(安静状态)之间的差值为储备心率(HRR)。可用储备心率百分比(％HRR)来表示运动强度，即100％HRR为最大运动强度。在不同的运动训练阶段，训练的目的和任务不同，则运动负荷强度也会有一定的差别(表5-2)。

表5-2　利用心率对运动员进行训练强度的一般监控

训练目的与训练强度	心率储备强度(％)	最大心率强度(％)
恢复性训练	50～60	68～73
低强度有氧训练	60～70	74～80
强化有氧训练	70～80	81～87
无氧训练	80～90	88～93
比赛中最大能力训练	90～100	94～100

2. 脉搏

在不同的状态下，人体的脉搏是不同的，通过对运动前后的脉搏进行测量，能够掌握运动负荷情况。

(1)基础脉搏和相对安静脉搏

基础脉搏和相对安静脉搏是评价机体对身体训练负荷适应性的重要指标之一。基础脉搏和相对安静脉搏可用以评价一段时间内锻炼负荷安排的大小。如果连续几天发现基础脉搏偏高，则说明这一时期运动负荷过大，身体有疲劳存在，需要休息或需调整运动形式。

(2)训练活动结束后的脉搏

运动训练结束后的脉搏测定对于了解运动负荷的适应情况很重要。每次运动训练结束之后在固定的恢复期内测定脉搏，绘出恢复脉搏曲线。在积累较多数据的基础上，可用以分析和评价负荷安排及身体恢复情况。

(四)血压及心功能指数

人体的血压保持在一定的区间之内。在运动训练过程中，人体的血压也会出现一定的波动，能够反映出运动负荷的适应情况。如果发现清晨血压较平时增加20％，而且血压有明显的上升趋势，在排除疾病因素以后，则可能是运动量过大。

心功能指数是根据安静时的心率和血压计算出来的。心功能指数＝［心率×（舒张压＋收缩压）/100］。心功能指数是对心脏和血管功能的反映，如果指数在140左右，则处在正常的范围，超过200则可能会运动负荷过大。

(五)血尿素

人体蛋白质代谢之后会产生血尿素，通过测定血尿素水平，能够了解运动训练负荷的大小。通过对运动员的血尿素进行纵向检测，能够观察其恢复情况。血尿素检测时需要注意以下两方面：

(1)在训练课结束后20分钟内采血测定，与运动前相比，增加值超过3毫摩尔/升时，说明运动量过大；增加值为2毫摩尔/升左右，说明运动量适中；增加值只有1毫摩尔/升左右，说明运动量很小。

(2)次日清晨取血再测,一般能降到8.0毫摩尔/升以下表明恢复良好,训练量适宜;没有明显下降或仍高于8.0毫摩尔/升表明训练量过大。

(六)血乳酸

在现代运动训练中,血乳酸是在运动员训练监控中应用最多、最广的评价训练负荷强度的指标。在运动训练过程中,不同运动训练阶段和运动强度下,运动员的血乳酸含量不同。

(1)在运动训练过程中,人体的磷酸原供能系统首先被动员,糖酵解系统供能比例较低,血乳酸水平较低。

(2)如果运动训练强度低于最大有氧代谢能力强度时,肌肉乳酸生成后就会很快被氧化,血乳酸不会大幅度升高,一般都在4毫摩尔/升以下。

(3)当运动训练强度达到某一个水平,有氧代谢不能满足运动需要时,糖酵解水平迅速升高,乳酸开始大量生成,此时的运动强度水平被称为"乳酸阈"。

检测运动训练之后血乳酸指标的变化,能够区分有氧训练(有氧氧化供能)和无氧训练(磷酸原供能或糖酵解供能),并且血乳酸水平随训练负荷强度的增加而增加,血乳酸的监测能够帮助运动员调节和控制训练负荷强度。对血乳酸指标进行监测时,采血时间根据运动强度的不同而进行安排(表5-3)。

表5-3 血乳酸测定时采血时间安排

运动强度	血乳酸值(毫摩尔/升)	采血时间
以有氧供能为主的较低强度运动	3~5	运动结束后20秒左右
以有氧供能为主的中等量强度运动	6~10	运动后1~6分钟
以无氧供能为主的高强度运动	10~20	运动后3~12分钟

(七)血清肌酸激酶

肌酸激酶(CK)是骨骼肌细胞中能量代谢的关键酶之一。血清 CK 活性的变化是运动训练中评定肌肉承受刺激和骨骼肌微细损伤及其适应与恢复的生化指标。运动负荷强度越大,运动中肌肉的物理损伤(如冲撞、挤压等)越重,血液中 CK 水平的升高越显著。不同强度运动血清 CK 一般变化情况见表 5-4。血清 CK 水平存在一定的个性差异,这一指标主要用来进行纵向对比。

表 5-4　不同强度运动血清 CK 的一般变化

运动强度	血清 CK 活性变化
长时间激烈运动后	0～2 小时轻度增加 6～8 小时显著增加 16～24 小时达到峰值 48～96 小时恢复到运动前水平
短时间极限运动后	5～6 小时升高 8～24 小时达到峰值 48 小时后逐渐恢复
短时间小强度的持续运动后	变化不大

(八)尿蛋白

在进行长时间大强度的运动训练之后,尿液中会出现大量的蛋白质,经过一定的休息之后会逐渐消失。不同人的个体差异较大,这一指标应进行个人纵向对比。

(1)尿蛋白阳性率和尿蛋白量随运动负荷强度的增大而增加。

(2)尿蛋白具有相对稳定性,某一个体完成相近运动强度时,尿蛋白稳定。

(3)当训练水平提高后,尿蛋白量则减少。

需要注意的是,尿蛋白指标受多方面因素的影响,精神紧张、身体缺水等都会引起尿蛋白的异常升高。

三、学校篮球教学中运动负荷的生物学监控

体育教学中,篮球教学是其重要组成部分,其担负着传授篮球知识和技能、增进学生健康等多方面的职责。学校篮球课教学中,应注重合理安排篮球运动负荷。

(一)篮球教学负荷特点及监控意义

在篮球教学中,通过开展相应的篮球课来达到相应的教学任务,在课堂上学生开展相应的身体练习,承受相应的运动负荷。篮球教学负荷是学生在学习和掌握篮球动作技能的各种活动中,或在提高运动能力的锻炼中,机体所承受的运动负荷。高质量的篮球课有赖于教学负荷的合理安排。篮球教学负荷的特点见表5-5。

表5-5 学校篮球教学负荷的特点分析

表现方面	教学负荷特点
形成特点	在学习和掌握动作技能的教学活动中形成
负荷性质特点	以技能性负荷为主,体能性负荷为辅
负荷水平及特点	负荷量为中小水平,比较稳定
负荷大小的主要影响因素	学生掌握技术的基础越好,所学技术的复杂程度越低,教学负荷强度越小;反之亦然
负荷后机体的恢复特点	一般较快,主要取决于教学负荷的大小

(二)篮球教学负荷监控的内容与方法

监控篮球教学负荷的意义在于,了解学生对篮球教学负荷刺激的反应与适应特征,为科学安排篮球教学负荷阈提供依据,以获得预期的篮球教学效果。

安排适宜的篮球教学负荷能够使学生机体发生良好的适应

反应,增强学生的体质,提高健康水平。这是现代体育教学的重要目的之一。在一节篮球课中,教学负荷的变化过程应体现出由小到大、由低到高,再由大到小、由高到低的特点。监控教学负荷的主要方法有:观察法、自我感觉法和生理指标监测法等。观察法所观察的内容事项见表5-6。

表 5-6　学校篮球教学负荷的监控方法:观察法

反应特征	小负荷	中等负荷	大负荷
面部肤色	稍微发红	发红	很红或苍白、发青
呼吸	加快、均匀	相当快、有时用嘴呼吸	很快、用嘴呼吸、呼吸浅
完成动作	步子稳、动作较准	步子不稳、身体摇晃、自控能力较差	身体摇晃厉害、动作不协调、没有自控力
注意力	比较集中、准确做练习	不能准确听讲和练习,易分散注意力	教师高声要求才能听讲、注意力很分散
出汗	轻度出汗	出汗相当多(腰部以上)	出汗特别多(腰部以下)
自我感觉	有舒服感、没怨言	自诉很累,呼吸较困难、腰部有疼痛	自诉较累、头痛、胸痛,甚至恶心呕吐

在篮球教学过程中,教学负荷监控可根据实际条件选择具有较高的应用价值的简便、易操作的指标进行监控,如心率指标。通过监测篮球课上和课后的心率值,来反映学生对负荷强度的适应情况,进而对负荷强度进行调整。通常一堂篮球课由准备部分、基本部分和结束部分组成。通过将学生一堂篮球课的心率变化描绘成心率曲线是评定教学负荷普遍采用的方法之一。

需要注意的是,篮球教学任务的不同,对负荷的标准也会不尽相同。在篮球教学负荷监控中,应该根据不同的课程类型对教学负荷进行有针对性的监控,具体要求如表5-7所示。

表 5-7 篮球教学课程类型与对教学负荷的要求

课程类型	安排练习强度和密度的依据	对教学负荷的要求
新授课	根据技术学习需要	中等负荷
复习课	根据技术学习需要	中等以上负荷
提高身体素质课	根据技术学习需要	较大负荷
探究课	根据技术学习需要	小负荷
合作学习	根据学习目的和内容	负荷变数较大
展示、总结课	根据展示方式和人数	负荷变数较大
测验、考试课	根据考核检验内容	练习密度小,练习强度大

(三)篮球教学外负荷的调整方法

通过对篮球教学的负荷进行监控,若发现学生的运动生理负荷反应没有达到教师预先设计的要求时,可采取下列几种方法来调整运动负荷:

(1)改变练习内容。在篮球教学中,教学内容越简单,负荷越小,反之越大。

(2)改变练习重复的次数和练习的密度。通过增加训练次数使得负荷量增加。

(3)改变练习的顺序和组合。对篮球课程内容进行重新组合也会对负荷量产生影响。

(4)积极性休息要比静止不动负荷大,但能够促进机体的恢复。通过积极性休息,缓解机体疲劳。

(5)延长或缩短休息间歇。若缩短运动训练之间的间歇,则负荷量会增大。

(6)改变练习的条件。在运动训练中,通过改变练习的条件、标准等来对负荷进行调整。

第三节　学校篮球运动训练计划的制订

一、多年训练计划

多年训练计划是篮球运动员训练和球队训练的总体规划。一般为4年或更多。其内容主要如下：

(1)提出多年训练的目的和任务及逐年需要达到的目标。

(2)根据竞赛制度和比赛的时间，将多年训练计划分为相应的年度训练计划，并提出各年度训练任务和重点。

(3)通过多年训练，培养本队的风格和主要战术。

(4)提出对于运动员技术、战术、身体训练方面的总要求，以及篮球理论方面的重点。

(5)各阶段、各时期训练内容纲要和所占比重与时间。

多年训练计划的形式以文字阐述并结合表格，内容要能够反映出多年训练发展过程的基本规划。

二、年度训练计划与组织

年度训练计划安排全面的训练，并且以相应的重大比赛为出发点，来制定相应的计划。年度训练计划应明确所要达成的总体目标，明确全面训练的阶段划分，明确全面运动训练的负荷曲线。在全年总体任务与要求的前提下，具体落实到各个时期、各个阶段的相应训练(表5-8)。

表 5-8　按照阶段和周期划分的年度训练计划示例

训练阶段	年度训练计划					
初级阶段	准备阶段		比赛阶段		休整阶段
	一般准备阶段	专项准备阶段	赛前阶段	比赛阶段	休整阶段
大周期					
小周期					

在进行年度训练计划安排时,应统筹安排,科学布置,使得各方面的工作相协调。年度训练计划示例见表 5-9。

表 5-9　年度训练计划示例表

项目　　　　运动员(队)　　　性别　　　年龄　　　训练年限
年度主要任务

类别	运动员现实状态分析	年度训练的目标状态
运动成绩		
机能素质		
技术		
战术		
形态		
心理		
智能		
课次		
负荷		

续表

时期	准备期	比赛期	过渡期
阶段			
时间			
主要任务			
比赛安排			
负荷变化的总趋向			
主要手段及负荷要求			
恢复措施			
检查评定的内容、时间			

注：负荷栏的空栏内填写负荷的主要指标，如果安排双周期，则分为六格。

三、阶段训练计划与组织

阶段训练计划是全年训练计划的具体细分，不同的训练阶段，会有不同的训练任务。在阶段训练计划中，短期的集训是相对较为独特的一种形式。

（一）大周期阶段训练

大周期阶段训练以比赛为出发点，分为准备期、比赛期和过渡期三个具体的训练阶段。

1. 准备期

准备期是全年训练的重要阶段，其可分为一般准备阶段和专项准备阶段。在一般准备阶段,运动员积极促进身体能力的提高。在专项准备阶段,则主要提高运动员的专项竞技能力。

2. 比赛期

在比赛期,重要的任务就是要促进球员形成最佳的竞技状态。在赛前阶段,积极对竞技能力的各项要素进行专门训练;在比赛阶段则注重竞技状态的保持。

3. 过渡期

过渡期是比赛期结束之后的阶段,这一时期应保证大周期训练之间的良好衔接。过渡期的训练避免过度疲劳,注重积极休息恢复。

(二)赛前中、短期集训

在比赛之前,会进行一些中、短期的集训,以适应比赛的需求。其具有鲜明的特点:

1. 阶段集训计划的结构及负荷特点

中、短期集训可分为若干个周训练计划,每周的训练都有各自的特点,并且彼此衔接,最终使得运动员的各方面都能适应比赛的需要。

2. 集训中的区别对待

中、短期集训时,一些运动员可能之前一段时间并没有进行运动训练,这就需要注意负荷的合理安排,分析每个运动员在集训之前的训练情况,进行区别对待。

四、周训练计划与组织

周训练计划是以周为单位安排的训练,其是课时训练计划的上一级计划,是阶段训练计划的下一级,合理制订和实施周训练计划,能够保证阶段训练计划的实现,也使得课时训练计划能够有的放矢。

(一)基本训练周的计划与组织

1. 基本训练周的主要任务

在基本周,通过运动训练实现学生和运动员对于新的负荷的适应,促进其运动水平的不断提高。

2. 基本训练周训练内容的结构特点

基本训练周的训练内容可根据运动训练负荷量增加的基本规律来安排运动训练的负荷,可安排不同内容、不同负荷的交替进行。

(1)基本训练周的课次安排

对于青少年儿童而言,基本训练阶段初期可安排每周 2～3 次训练,随着其水平的提高,而逐渐增加训练负荷。

在具备一定的训练基础后,通常每日进行两次训练课,一次为基本课,注重竞技能力的提高;另一次则为补充课,训练内容相对较为广泛。在周训练计划制订时,应确定大负荷训练的次数,一般应在一周中安排 3～5 次大负荷课,促进超量恢复的出现。经过良好的恢复和休息,达到良好的效果。

(2)基本训练周负荷的变化

在运动训练时,运动员一般需要 1～3 天才能够充分恢复。因此,可在星期三或星期四来安排一些小负荷强度的运动训练,而一周的前期和后期则安排一些相对负荷强度较大的运动训练,使得休息与恢复良好结合。

周运动负荷的加大,是基本训练周负荷变化的主要特点。只有加大负荷,才能引起机体更深刻的变化,产生新的生物适应。加大负荷的途径主要有以下三种:

第一,增加负荷量,同时负荷强度保持不变或相应地下降。

第二,提高负荷强度,负荷量保持不变或相应地减少。

第三,负荷量和负荷强度都保持不变,通过负荷的累加效应给机体以更深的刺激。

(二)赛前训练周的计划与组织

1.赛前训练周的主要任务

赛前训练周的任务是力求使球员的机体适应篮球比赛的要求和条件,把长期运动训练过程中所获得的各个方面的竞技能力,集中到篮球运动比赛所需要的方向中去。

赛前训练周主要用于比赛前的专门训练准备。比赛前的准备期一般不做专门准备,只是在正常训练的基础上稍加调整,或安排一两周介于基本训练周和赛前训练周之间的训练。而在比赛周之前的临近比赛期,则通常连续安排几个赛前训练周,以便使运动员充分发挥其竞技能力。

2.赛前训练周训练内容及负荷结构的特点

赛前训练周应合理进行训练内容的交替,使得球员能够保持系统的持续训练,促进其竞技能力的发展。赛前训练周的训练计划比基本周的训练更加专项化,更加接近篮球比赛的基本特点。在运动训练过程中,为了适应比赛的需要,球员的专项素质训练的比例增加,注重训练的成功率和稳定性。

在赛前训练周,篮球运动员应积极促进自身的战术运用能力的提高,在训练过程中应增加实战训练的比例。在运动训练中,球员多人配合和全队战术训练的比例增加。

在进行赛前训练时,训练的负荷强度会相应地提高,但是负荷量会出现一定的下降,提高了运动训练的效率。如果运动训练的负荷量本来就不高,则保持负荷量不变的前提下,积极促进运动训练的负荷强度的增加。

在赛前训练周,运动训练的负荷强度应有所提高,使得运动员在身心两方面有所准备。当然,负荷量和负荷强度不能同时都增加,这会使得运动员的疲劳增加,导致局部或整体性运动疲劳的出现,从而不利于运动员保持较高的竞技状态。在运动训练之后,还应注重加强恢复措施。

(三)比赛周的计划与组织

1.比赛周训练的主要任务

在比赛周,训练的主要任务就是要使得运动员保持良好的竞技状态,为篮球比赛做好相应的准备和调整,力求在比赛过程中有着良好的发挥。

确定比赛周的时间段时,采用倒计时的方式,将比赛日作为最后一天,而倒计时一个星期。在进行篮球比赛之前,应在比赛周做好最后阶段的调整。

在比赛周进行训练时,在注重自身球队风格发挥的基础上,还应注重对对手的技战术风格进行分析。在比赛周,应根据对手的情况制订相应的战术打法和对策,找出对方的弱点,在此基础上开展有针对性的运动训练。如果是参加一些训练性的比赛,并不追求相应的名次,可不必进行专门的准备,只需按照正常的U型内练过程来安排。

2.比赛周训练内容及负荷结构的特点

在运动训练过程中,比赛周的训练应使得球员在比赛的时候处于最佳的竞技状态。在运动训练过程中,超量恢复所需的时间会因训练的内容、负荷的不同而不同。因此,在比赛周进行训练时,应进行科学的设计,使得球员出现超量恢复的时间与运动比赛相协调,促进其在比赛中更好地发挥。

综上所述,在比赛周安排相应的训练,最终目的是使得球员在比赛时保持最佳的竞技状态。在运动训练过程中,会根据比赛的特点以及球员的个人特点来进行多样化的负荷组合。一般赛前训练的负荷水平并不高,尤其是当预期到比赛竞争激烈时,会降低训练的强度和负荷量。对于受到伤病困扰的球员,更应注重其积极恢复。

(四)恢复周的计划与组织

1.恢复周训练的主要任务

恢复周的任务是通过降低训练负荷量度以及采取各种恢复措施,消除球员身心两方面产生的疲劳,以求尽快地使球员能够积极恢复状态。对于篮球运动员而言,经过比赛,尤其是竞争激烈的比赛,其竞技水平会向着更高层次发展,这时经过相应的训练,会使其竞技水平得到巩固和提高。

恢复周的安排也应根据篮球运动及负荷的特点、球员个人特点和训练的具体情况而定。在连续较长时间的大负荷训练之后,或大量激烈、紧张的比赛之后,应安排恢复周,以便于比较集中、充分地使球员身心得到良好的恢复。

2.恢复周训练内容及负荷结构的特点

为了实现恢复周训练的主要目标,要求其训练内容广泛而灵活。应多选择以下内容:

(1)一般性的身体练习。

(2)带有游戏性的练习等。

恢复周通常会大大降低负荷强度和负荷量,或者大幅度地减少,或者适当保持一定的水平。如果比赛周负荷量很小,也可以在恢复周中适当地增加负荷量。

五、课时训练计划与组织

训练课是运动训练的最为基本的组织形式,各项运动训练工作最终都要落实到相应的训练课中。训练课是训练计划的最为基本的构成部分,通过认真执行训练课时计划,训练的效益逐渐积累,由少到多,从而最终实现训练目标。因此,训练课虽然"小",但是其完成的质量直接关系到球员能力的提高和发展。

(一)训练课的类型

根据训练的主要任务和内容,可以把训练课划分为几种类型:

1. 技、战术训练

安排在训练的准备期和比赛期,主要进行技术、战术训练。课的负荷视任务的不同而异,如学习与掌握技术、战术时负荷较小,而量较大;为适应比赛的需要,巩固与提高技术、战术水平,则负荷强度较大,并安排适当的训练量。

2. 身体训练

通常分为一般和专项身体训练,大都安排在训练的准备时期进行。主要是通过多种训练方法和手段,发展球员的一般和专项运动素质,提高和保持身体训练水平,负荷相对较大。身体训练在大周期中的准备期第一阶段安排得较多。这类训练课除用作提高和巩固球员的体能水平外,其他训练时期内有时也将其作为调节球员训练负荷节奏的课来预先安排。

3. 测验课与比赛训练

大都安排在准备期后半段和赛前训练中,在一个阶段结束时,也大都安排测验课,以检查训练效果,为下阶段的训练课安排提出依据。比赛训练课负荷强度要大,甚至达到或超过比赛强度。在某些时候,这种负荷对球员身体的刺激相当强烈。

4. 综合性训练

包括上述三种类型课中的两种以上内容的课。这种课在训练过程中安排得比较多。在课上通常将不同的内容交替安排进行,有利于促进各项运动素质与运动技能的积极转移。

5. 调整性训练

通常安排在训练的过渡时期,在一个阶段大负荷训练和激烈比赛后也穿插安排。这类训练课的负荷较小,主要采用某些技术、战术练习或其他运动项目作为训练的恢复手段,消除球员的疲劳。

(二)训练课的任务及特点

1. 训练课的任务

(1)发展球员的身体素质,提高机能。

(2)掌握篮球训练和比赛所需要的知识和方法,培养球员具有独立训练和参加比赛的能力。

(3)掌握和提高篮球运动技术和战术,并达到运用自如的程度。

(4)培养球员必需的心理素质。

(5)培养球员优良的道德品质、勇敢顽强的拼搏精神。

2. 训练课的特点

(1)要重视集体训练和个人训练的结合。篮球运动是一项集体性运动项目,需要队员之间进行协调配合,因此在训练时,应注重集体训练。不同的球员具有其个性特点,还应注重个人训练,促进个人水平的提高。

(2)训练课可采取多种类型,以求更好地解决不同要求的任务。

(3)训练课的负荷可呈波浪型,以适应篮球比赛的强度起伏性变化。

(4)训练课持续时间较长,教练员要合理组织训练内容,掌握负荷与间歇的合理安排,并采用有效的恢复手段。

(三)训练课的结构

训练课的结构是指训练课的各组成部分及其进行的顺序。一般训练课通常依次由准备部分、基本部分和结束部分组成。

1. 准备部分

准备部分的任务是使球员调整心理状态,调动各种生理机能,准备承受基本部分训练负荷及完成所安排的训练内容,以获得理想的训练效益。

准备活动可分为一般性准备活动和专门性的准备活动两个部分。

一般性准备活动的主要任务是全面调动有机体的各种器官系统,提高这些器官系统的活动性。此时,有机体各器官系统从日常生活状态开始逐步活跃起来。通常,一般性准备活动以有氧活动开始,逐步提高工作强度,可使心率达到130～140次/分钟。一般性准备活动所采用的练习较广泛,所用时间也因人、因基本部分内容而异,通常采用慢跑或其他强度较为和缓的练习。

专门性准备活动可结合基本部分所安排的内容设计,也可采用专项基本练习。专门性准备活动的任务是直接为基本部分的内容服务,使机体适应特定的训练要求,并从技术上做好必要的准备,以保证基本部分主要内容高质量完成。

2. 基本部分

基本部分安排训练课的主要训练内容。基本部分的结构和持续时间在不同的训练时期内,会有较大的差异。因此,基本部分应按照训练任务及内容安排练习顺序。所选择的练习手段可以多样,练习的组织可以采取成队的、小组的和个人的练习交替进行。

3. 结束部分

训练课结束部分的任务主要是解除训练课基本部分所造成的心理、生理上的紧张状态。现代运动训练把恢复作为运动训练的重要组成部分。当然,作为训练课的结束部分并不可能完全消除因紧张训练工作所带来的疲劳,训练课的结束也就意味着球员有机体全面恢复过程的开始。因此,结束部分的安排主要是为课后的迅速恢复创造有利条件,有组织地进行课时训练的结束部分对促进球员更好地恢复有着积极的意义。

(四)训练课的组织

训练课的组织主要有运动员的组织、作业组织、课的时间和负荷安排四个方面。

运动员的组织有两种形式,即集体训练形式(队或小组)和个人训练形式。在实践中常常将两种形式结合在一起执行。在一次课中既有集体练习,也有个人训练。作业的组织是指训练课作业进行的程序及作业内容的组织,一般是先进行基本技术练习,后进行战术配合、全队战术练习和比赛训练。根据练习程序及内容,采取个人、小组、全队的组织形式进行训练。

合理安排训练课的运动负荷,对训练课的效果具有重要作用。在制订某一次训练课计划时,要力争做到以下两点:

(1)训练内容要有足够的难度与要求,使之能成为促进运动员运动机能的有效的刺激因素。

(2)要使训练计划与运动员的训练水平和机能状态相适应。

(五)训练课计划的运用

在制订课时训练计划时,其具体的训练计划可见表 5-10 所示。根据训练的实际来对课时训练计划进行设计。

表 5-10 课训练计划示例表

课的任务						
负荷要求						
阶段	训练手段	时间	负荷量强度要求	技、战术要求	组织形式	场地器材
准备活动						
基本练习						
生理活动						
恢复措施						
小结						

第四节　学校篮球运动训练效果的考评

一、运动训练效果考评的作用

(一)为科学地制订教学和训练计划提供必要的依据

在进行教学和训练过程中,会制订相应的教学和训练计划,提出相应的教学和训练目标。通过开展教学和训练就是要逐步达成相应的目标。通过对教学训练的效果进行积极考评,能够了解目标实现的程度,对学生和运动员的具体情况有一个全面的了解。

(二)为调控教学训练过程提供依据

通过开展相应的教学训练,学生和运动员的身体素质、技能掌握情况等都会发生相应的变化。这就需要篮球教师和教练员结合具体实际情况,具体问题具体分析。通过及时对教学训练的效果进行考评,能够从学生和运动员那里获得相应的反馈信息,掌握教学和训练方面的不足之处,及时对教学和训练的方法、手段乃至计划等方面进行调整,从而实现教学和训练的优化发展。

二、篮球运动训练效果考评的实施

(一)测评身体素质的方法

1. 速度素质

运动员的视觉反应速度能够借助专门的测定仪器进行测定,一般速度可以用100米、200米短跑成绩来测定。对运动员的转向速度进行测定时,要把篮球的专项特点综合考虑在内,测定方法有变向跑、30米跑、短距离滑步、直线、曲线运球以及折回跑等。

2.力量素质

篮球运动员的上下肢力量、握力以及背力能够通过专门的测力计来测量。在没有测力计的情况下,腹肌力量能够通过仰卧起坐来测量,上肢力量能够通过引体向上与俯卧撑来测量。

对篮球运动员的专项力量进行测定时,还要注意与篮球专项特点的结合,例如,运动员的下肢力量和弹跳力能够通过助跑摸高与原地纵跳来测定;前臂、手腕以及手指的力量能够通过标准投篮的投远与投准来测定;臂力能够通过篮球传远来测定。

3.柔韧素质

柔韧素质对篮球运动员来说是十分重要的专项素质,良好的柔韧素质能够帮助运动员增大运动幅度,预防运动损伤。运动员不同部位柔韧素质的测量方法具体如下:以纵、横劈腿时臀部与地面距离为依据对髋部柔韧性进行评定;测量运动员肩部柔韧性时,以双手握棒或绳向后和向前做翻手动作时双手之间的距离为依据来评定。

4.耐力素质

测量运动员一般耐力的方法主要是300米跑与越野跑。测量运动员专项耐力的方法主要是二人直线全场反复传球练习以及反复滑步练习与折回跑。

为了对篮球运动员的身体训练水平进行测评,需要对专门的评分表加以运用。例如,累积计分法或标准百分法(统计)等,以测定所得数据查表为依据就可以对运动员的训练水平进行评定。

(二)测评技术水平的方法

1.基础技术水平

对篮球运动员的基础训练水平进行测评的主要方法有以下几点,下列方法都是通过对大量的实践进行分析而总结出来的。

(1)脚步移动。

(2)"之"字形跑。

(3)综合运球。

(4)跳投。跳投也可称为"十点二十次跳投"。

(5)摸高。摸高也可称为"跨步双脚起跳摸高"。

(6)传球。传球也可称为"对墙双手胸前快速传接球"。

2.攻防技术水平

在实践中,主要是通过统计篮球比赛的技术情况,并以此为依据来对运动员的攻防技术进行测评的。主要测评方法如下:

(1)助攻

篮球运动员在运球或持球过程中,为方便队员投篮机会而进行巧妙的传球就是所谓的助攻。运动员配合意识的强弱、掌握与运用技术的能力可以通过助攻的次数集中反映出来。

(2)抢断球

防守队员将对方手中的球抢到手、将对方手中的球打掉或截获传球后把球牢牢控制住就是所谓的抢断球。在篮球比赛的防守过程中,运动员防守主动性、攻击性以及积极性的程度能够通过抢断球次数集中反映出来。

(3)投篮次数

篮球比赛中一方篮球队投篮的多少就是所谓的投篮次数。篮球比赛中,失误次数与攻守速度的快慢主要由投篮次数决定。攻守回合随比赛速度的增加而增加。投篮次数随投篮失误的减少而变多。

(4)比赛效率

运动员或篮球队在篮球比赛中的效果就是所谓的比赛效率。投中1球、罚中2分、协防、助攻、抢断球、抢到篮板球等一次各计正1分。违例、失误、失守等一次各计负1分。计算运动员的比赛效率的方法为:正分与负分相加与该队员上场时间之比。比赛效率的计算公式如下:

个人效率数=[(个人正分)+(个人负分)]/该队员上场时间

全队效率数＝[(全场正分)＋(全场负分)]/200分钟(一场比赛时间)

(5)罚球命中率

罚球次数与罚中次数之比就是所谓的罚球命中率。罚球命中率的计算公式如下：

罚球命中率＝罚中次数/罚球次数×100％

(6)投篮命中率

投篮次数与投中次数之比就是所谓的投篮命中率。投篮命中率的计算公式如下：

投篮命中率＝投中次数/投篮次数×100％

(7)篮板球获得率

本方获得篮板球次数与双方总篮板球次数之比就是所谓的篮板球获得率。篮板球获得率的计算公式如下：

篮板球获得率＝本方获得篮板球次数/(本方获得篮板球次数＋对方获得篮板球次数)×100％

(8)防守成功率

比赛中防守次数与防守成功次数之比就是所谓的防守成功率。防守成功率的计算公式如下：

防守成功率＝防守成功次数/防守次数(对方进攻次数)×100％

(9)进攻成功率

积分与进攻次数之比就是所谓的进攻成功率。进攻成功率的计算公式如下：

进攻成功率＝总积分/进攻次数×100％

(10)失误和违例

失误和违例是指控制球的队员由于个人行动不当而失去控球权。运动员或一个队技术水平的高低以及在篮球比赛中运用技术的能力,能够通过失误和违例次数的多少集中反映出来。

(三)测评战术水平的方法

测评运动员的战术水平时要以运动员在比赛中采取的战术

的合理性和战术具有的意义为依据。主要分为进攻与防守两个方面的测评。

1.进攻战术

对进攻战术进行测评的主要内容有:运动员的攻击、配合与助攻传球的意识;运动员攻击、配合与助攻传球的能力;对位置的调整能力等。

2.防守战术

对防守战术进行测评的主要内容有:运动员的防守策略与能力;运动员的协助防守意识与能力。

第六章　学校篮球运动训练理念及其构建

参加篮球运动训练,除了要求运动者具备一定的身体素质和基础技能外,还要建立一定的科学训练理念,以科学的训练理念作指导,如此才能保证整个篮球训练活动的顺利进行,才有利于取得理想的训练效果。本章就重点对篮球运动训练理念展开深入细致的分析,并研究学校篮球运动训练理念是如何构建的。

第一节　学校篮球运动训练理念的基本结构

结构是指系统内部各要素之间在时间和空间内的联系,对于篮球运动训练理念而言,随着篮球运动的不断发展,各种训练理念也层出不穷,有些理念没有跟上运动训练发展的潮流而被淘汰,有些训练理念则结合当前的时代背景而及时更新,因此获得了很好的发展。

一、运动训练理念概述

(一)运动训练理念的概念

在体育运动中,建立一个科学、有效的训练理念是至关重要的,这有利于训练效果的取得。可以说,训练理念是运动者在自身体验的基础上,对运动训练内容、方法、模式等内在规律的深刻认识,在长期的训练实践中所形成的一种观念和态度,是运动者对运动训练做出的实然判断和应然判断的有机统一的理性认识。可以说,在运动训练中,运动训练理念既是人们参加运动训练的理论与实践指南,又是理论与实践的中介桥梁。在某种意义上来说,运动训练理念的正确、合理与否,将直接影响到运动员运动水平的提高,甚至整个竞技体育运动的发展。所以说,结合当前我国竞技体育的具体实际,合理确定一个正确的训练理念具有非常重要的意义。

(二)运动训练理念的内涵与外延

1. 运动训练理念的内涵

(1)运动训练理念是人们对运动训练客观规律的认识

通常情况下,认识运动训练的规律要从三个方面进行,即一般规律、项群属性和专项特点。可以说,运动训练理念是指导各专项运动训练实践的基础,但是运动训练理念必须要科学和正确,否则将会对运动员训练的效果产生非常不利的影响。因此,在平时的运动训练中,教练员和运动员要准确把握运动项目的本质特点,找出其中的规律,这对于确立正确的训练理念,合理安排训练过程具有极为重要的作用。

(2)训练理念包含了训练主体"训练应然"的价值取向

在运动训练中,训练应然主要包括训练主体的目标、训练的情感、训练的意志等因素,同时这也是训练主体完成预定任务的价值规律。在长期、系统的训练中,教练员要对运动员进行必要的测试,对运动员进行一定的生物和心理改造,以检验整个训练过程是否科学和合理,以及科学化的程度如何。总体而言,每个运动队乃至每名运动员都必须要建立明确的目标,并向着这一目标而努力。训练主体在追求训练目标,完成训练任务时,要遵循运动训练的客观规律,按部就班地进行训练,同时还要考虑到个人情感和意志品质等要素,其目的都是为了提高运动训练水平,取得优异的运动成绩。

（3）训练理念是对训练主、客体及其关系的认识

可以说，在人类的一切活动中，认识主体与认识客体之间是相互对立的关系。主体是从事认识活动的人，而客体则是认识活动所指向的对象。认识活动的主体居于主体地位，而客体则相对于主体而存在，是作为主体的人的一切活动的对象。在人们的认识活动中，人一般都具有双重身份。这表现在：一方面，人作为主体而存在；另一方面，人也要把自己作为客体对象来加以认识和改造，这时人自身便具有了客体的性质。而竞技体育或者运动训练则完全把主体与客体融合在一起，共同构成一个整体，这主要是由运动训练的特殊性所决定的。

篮球运动是一项同场对抗性集体性项目，需要多人间的密切合作才能实现具体的目标。在整个篮球运动训练中，团队内的各成员之间要相互配合，这样才能完成各种战术配合，以及训练的任务与目标。而在整个训练流程中，运动员作为训练的主体，训练中的一切活动都要围绕运动员展开；教练员作为主导，指导运动员进行训练，起着重要的指导与带领作用；而领队、科研人员、后勤人员等则为运动员的运动训练提供可靠的保障与各种服务，能保证训练活动的顺利开展，也是运动队或运动员取得理想的运动成绩不可缺少的重要因素之一。在篮球训练中，教练员要指导运动员深入了解训练主体、训练客体及其它们之间的关系，这样才有利于篮球运动员训练水平的提高。

2.运动训练理念的外延

运动训练理念的内涵非常丰富，而外延也比较宽泛，它能在很大程度上反映训练思维等活动的普遍概念或上位概念，如训练观念、训练思想、训练模式等，训练理念本身就包含以上诸多要素。

除此之外，运动训练理念还表现出既有抽象性又有直观性的特点，如训练目的、训练目标、训练计划等，既抽象，又具有一定的直观性，同属于理论性与操作性部分的内容。因此，可以说，运动训练理念对运动员的整个训练过程起着重要的导向作用，没有一

定的训练理念做指导,运动训练就难以保证正确的方向。而在篮球运动中,篮球训练理念的正确与否,在很大程度上影响着运动队或运动员的训练水平,以及运动成绩的取得,乃至整个篮球运动的发展方向。

(三)运动训练理念的特征与功能

1. 运动训练理念的特征

一般来说,世间万物都有自己的特征,运动训练理念也不例外。运动训练理念的特征主要表现在以下几个方面:

(1)思想性特征

具体而言,训练理念的思想性特征主要体现在三个方面:第一,训练理念反映出运动者的一种价值观,属于运动者的一种价值判断;第二,训练理念是一种理性认识,是对运动训练过程的概括性认识;第三,运动训练具有领导的现实意义。

(2)实践性特征

运动训练属于一种特殊的教育活动,是运动者有目的地按照一定的教育规律、竞技运动发展规律等,通过一定的运动手段、方法的运用来获得竞技能力提高的一种社会实践活动。而训练理念则是为了提高竞技能力而提出的一种设想,其目的是改造客体的实践活动。因此,训练理念是理论与实践的统一,它不仅具有较强的理论性,同时也要经受住实践的检验,只有经得住实践检验的训练理念才是科学和合理的。如果训练理念脱离了实践,就显得空洞,没有说服力,也不具有一定的可操作性。

(3)发展性特征

世界上任何事物的发展都受到一定的客观因素或条件的制约和影响,这是不可避免的。训练理念的产生与发展也是如此。训练理念也会随着现代社会以及竞技体育运动的不断发展而发生各种各样的变化,因而呈现出较强的发展性特征。也就是说,不论运动训练如何发展,训练理念是一直处于不断变化与发展之中的。

(4)个体性特征

一般来说,一个人在参加运动训练的过程中,其训练理念的形成主要受制于自己的人生观、价值观、世界观等方面的影响。因此,运动者所建立的训练经验体系、认知与思维能力、语言风格、表达方式等也都影响其训练理念的选择与表达,因此说训练理念具有鲜明的个体性特征。

(5)创造性特征

上面所述,运动训练理念既具有一定的理论性又具有一定的实践性,而训练理念的形成,实际上就是运动训练主体对客体的改造,训练主体充分利用自己的聪明才智和知识水平,按照一定的目标与要求对客体加以改造,使之符合自己的心理预期,因此说训练理念依附于训练主体而表现出一定的创造性特征。

(6)相对稳定性特征

训练理念不是一时一日形成的,而是经过长期的实践总结形成的,是运动者长期的亲身体验、研究分析而做出的总结。在一定时期内所形成的训练理念不会轻易改变,因此具有一定的稳定性特征。

(7)全面性特征

训练理念是对某一运动项目的特点、本质、运动规律、运动员特点、训练与比赛环境等所做出的准确判断与看法,因此,它具有一定的全面性特征。需要注意的是,正确的训练理念具有一定的深刻性,而一般性的浅层次认识则不能称之为训练理念。

(8)前瞻性特征

训练理念对运动者的实践行为具有重要的指导作用,能保证训练目标的正确性,正确的训练理念不是盲目的,而是实践主体超前的理论设计,是人们对训练实践活动的一种超前性反映和把握。因此,训练理念具有一定的前瞻性特征。

2.运动训练理念的功能

在运动训练中,训练方法与手段的改革与发展必须要建立在一定的训练理念基础之上,只有正确的训练理念做先导,整个训练活动才能顺利开展,训练的效果才能得到保证。没有先进的训练理念,训练的目标必定是片面的,训练的行为必然是短期的,训练的发展也必将是被动的。训练理念对训练过程中的教练员、运动员,以及整个训练活动的指导如图 6-1 所示。

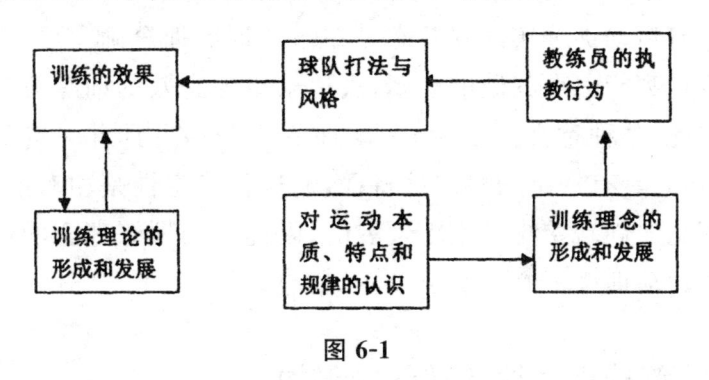

图 6-1

除了指导功能外,运动训练理念还具有以下功能:

(1)决策功能

训练理念是运动员训练行为的指南,它约束着运动员的不良行为,指导运动员参加与运动训练理念相符的训练实践,能保证整个训练活动的顺利开展。因此说训练理念是人们对训练活动的正确认识,它包含具体的训练计划和实施方案等,具有重要的导向与决策功能。

(2)整合功能

训练理念是运动员在长期的运动实践中,在经验总结基础上形成的对运动训练的看法,这种看法是建立在准确把握运动项目的本质、规律等基础之上的,所以说训练理念是人们对成功训练经验的高度概括和总结,是对训练活动感性与理性认识的统一结合,因而具有一定的整合功能。

(3)激励功能

训练理念中不仅蕴含着一定的理性智能,同时还包含人们对运动训练与比赛的期望、热情和挑战的激情等内容,这些都会激励运动员积极参加运动训练,为了获得优异的比赛成绩而努力,因而训练理念还具有一定的激励功能。

(4)创新功能

训练理念是对运动员长期训练实践的经验总结和看法,往往呈现出一定的新的思想与观点,因而训练理念还具有一定的创新功能。在运动员的运动训练中,运动训练理念的创新在一定程度上决定着运动训练实践的状态。在运动训练理念确立后,人们的任何行动都能引导其破旧立新,去追求更加有效的训练方法与手段。因此,某种意义上来说,运动训练理念本身具有一定的创新性,虽然它具有一定的稳定性特征,但这种稳定性是相对的,运动训练理念的创新始终是不断发展的,因此运动训练理念的创新功能促使运动训练不断向前发展。

二、篮球运动训练理念的结构

篮球运动训练是一个长期的系统的过程,其目标不仅仅是提高运动员的专项技能和运动成绩,而且还要培养与提高运动员的全面素质,使其成为一个全面发展的人。要提高我国篮球运动训练的水平,充分提高篮球运动训练的效果,必须要构建一个全面的、科学的训练理念体系。而篮球训练理念体系的结构如何,则对运动员的整个训练活动有着非常重要的影响。依据运动员训练培养目标的全面性、篮球运动的可持续发展性、人文观等理念,下面主要从教育性、战略性和人文操作性三个方面构建篮球运动训练理念,具体分析一下篮球运动训练理念的结构。

(一)教育性训练理念

教育性训练理念就是指在运动训练的过程中,运动员既要重视运动技能的发展和提高,又要重视自身的文化教育和综合素质教育,促进自身全面素质的发展。这是现代社会发展对运动员的基本要求。因此,运动员在训练中必须要建立一个教育性训练理念,规范自己的教育与训练行为。总体上来看,教育性训练理念是一个宏观理念,决定着运动员训练的总体方向。

第六章　学校篮球运动训练理念及其构建

(二)青少年战略性训练理念

战略性训练理念是运动训练发展过程中重大的、带有全局性的、规律性的或决定全局的谋划。这一训练理念的正确、合理与否决定着某一个运动项目的发展方向和发展水平。

青少年战略性训练理念则是指在运动训练发展过程中,在青少年训练中对项目运动的本质、规律性的把握以及长远发展所持的全面性、指导性、方向性和创新性的看法与判断。表现在篮球运动中,就是要根据青少年的身心特点和运动规律,顺应篮球运动的发展趋势,遵循篮球人才培养的规律,采取科学的方法与手段促进篮球运动人才技能与综合素质的提高。

(三)人文操作性训练理念

人文主要分为人文知识和人文精神两个方面。人文知识可以说是人们对自身文化的一种了解,而人文精神则是对文化内在价值和意义的自觉,主要通过人们的各种行为和行动体现出来。

"体育的人文观,其核心就是要主动表现体育对人类生存意义及价值的终极关怀,回到以人为本的体育世界",现代体育人文观强调人们在认识体育的过程中时时体现出一定的人文精神,在现代体育运动发展的过程中要将体育的生物观与人文观充分结合起来,使其在实践中并存。这样对于运动训练的发展具有深远的影响和意义。

在篮球运动中,人文操作性训练理念十分强调对运动员全面的关注,这主要体现在运动员的尊严;运动员的思想与道德;运动员的权利;运动员的发展前途等方面。现代篮球运动应是通过篮球训练的"修炼"达到人生的"启蒙",由篮球的训练升华到人格、人性,乃至人生"悟性"修炼,使篮球运动成为一种教育的工具。因此,在篮球运动训练中,把握运用人文操作性训练理念能达到全面培养和提高篮球运动员综合素质的目的。

第二节　学校篮球运动训练在理念方面存在的问题

一、我国学校篮球训练理念的基本问题

(一)教学指导思想得不到很好的贯彻

在新的时代背景下,学校体育教育的目的不仅在于培养学生良好的体质,还在于促进学生心理、社会适应能力的发展,以及培养和提高学生的"终身体育"意识,促使学生成为一名全面发展的人才。

在我国学校的篮球教学中,一般在篮球实践课上,学生在教师的带领下进行"传球""运球""投篮"等练习,缺乏一定的趣味性,导致学生学习的积极性不高,这不仅不利于学生运动技能的掌握,也不利于学生"终身体育"意识的养成,与学校篮球教学的思想是相悖的。

目前,"以人为本""健康第一""终身体育"等指导思想在我国学校篮球教学中贯彻得还不够深入,受传统教学思想的影响,各学校基本上还是沿用以前的教学方法、教学模式等,学生在篮球教学过程中,难以体会篮球的乐趣,难以体会篮球运动蕴藏的团结、拼搏等精神,这严重影响着学生的进一步发展和体育教学质量的提高。

(二)教学内容脱离实际,难以满足学生的需求

目前,我国学校的篮球课教学,在教学内容方面与以往相比并没有一个大的改观,学生在课堂中大多是重复性的学习,致使学生难以提起学习的兴趣。另外,篮球课教学注重实践课教学,而忽略了理论课教学,在这样的条件下,学生的篮球理论知识比

第六章　学校篮球运动训练理念及其构建

较欠缺,在学习篮球技能时显得比较困难,没有一个良好的篮球理论体系做指导,这对于篮球教学质量的提高是十分不利的。因此,建立一个理论教学、技战术教学与学生兴趣爱好结合的教学理念是尤为必要的,这能有效改善当前我国学校篮球教学的现状,满足学生的篮球学习需求。

在具体的操作中,体育教师可以在原有的篮球大纲基础上,适当增加 NBA\CBA 等篮球欣赏的内容,以提高学生学习篮球的积极性,不断丰富篮球课堂教学内容,创新教学手段与方法,采取趣味性教学的方法让学生在愉快的环境与氛围中获得篮球运动技能的提高,并逐渐养成终身体育的意识。

(三)教学模式比较单一

目前,我国学校篮球课教学普遍存在着教学模式单一的问题,导致体育教学教授和学生学习的积极性都不高。在具体的篮球课教学中,体育教师通常先将篮球教学分成运球、传球、投篮等几个环节,然后逐一讲解和示范以上几种动作,再指导学生进行练习。这种单一的教学模式致使学生学习的积极性不高,不利于学生能动性的发挥,难以保证篮球教学的质量。

发展到现在,传统的、单一的教学模式已难以适应现代体育教学的要求,严重影响着我国学校篮球教学的发展。因此,创新篮球教学模式,既是篮球教学顺应时代发展的需要,又是学生全面发展的需要。

(四)评价体系不健全

要想保证篮球教学的质量和效果,建立一个客观而公正的教学评价体系是尤为重要的。但受传统教学观念的影响,学生难以在一个公平、合理的环境下进行评比,尽管近年来我国学校篮球教学水平获得了一定程度的提高,但总体来看仍然欠缺一个科学、健全的教学评价体系。而要想建立一个科学、公平、公正的篮球教学评价体系,就必须在现代教育理念的基础上提高学生的参与性,帮助学生自我了解与自我评价,合理有序地展开评价活动。

当前,我国学校篮球教学的评价形式与国外教育发达国家相比还显得比较落后,学生的主体性和能动性得不到很好的发挥。总体来看,大多数学校的篮球教学评价仍以终结性评价为主,这种只重视学生考试成绩考核的方式不能从整体上客观地评价学生,缺乏对学生学习态度、进步幅度、人文关怀等方面的关注,对篮球教学整体质量的提高非常不利。

二、我国学校篮球训练理念存在的问题

(一)教育性训练理念

1.教育体制与训练体制的分离,造成培养目标过于单一

体育体制在很大程度上决定着运动训练理念的形成。目前来看,在现在体制下,我国的篮球运动训练还存在着培养目标单一、竞争性不强、经费欠缺、人才挖掘与培养不科学等现象,这严重影响着篮球后备人才的成长与发展。随着篮球运动竞技水平的提高,相对应的投入力度也就越大,在这样的情况下,就加剧了运动员重训练、轻教育理念的畸形发展,造成了绝大多数运动员文化教育缺失的现象,从而不利于运动员综合素质的发展。在现在体制下,我国的体育与学校教育相分离,结合度不高,高水平运动员的训练过程非常单一,对运动员文化素质的教育非常欠缺,这严重影响到我国篮球运动的进一步发展。

2.偏重专业教育,忽视了基础教育

现代战略性训练理念强调运动员的运动训练要以教育为主,培养全面发展的人。然而,目前我国很多地方体育局及所属的少体校,过于重视运动员运动技能的培养,而忽略了运动员文化知识的学习与培养,这十分不利于运动员的长远发展。

3.重训轻教的结果导致运动员心智能力欠缺

目前,在我国学校篮球训练中,普遍存在着重训轻教的现象,

这对于青少年篮球运动员的身心发展是十分不利的。运动员心智能力的欠缺会在一定程度上制约和影响着运动技能水平的提高,如在篮球训练课中,心智能力欠缺的运动员往往不能充分领会教练员的意图,执行战术的能力较差,即使运动技能再高也难以得到良好的发展。而在运动员退役走上社会后,心智能力的欠缺则更影响其在社会中的适应与发展。

(二)青少年战略性训练理念

1.青少年的训练以比赛成绩为目标现象严重

目前,我国篮球后备人才的培养体系已经初步构建起来,但总体来看,这一培养体系的机制还不够完善,与国外篮球强国相比更是差距巨大。目前,在我国青少年篮球运动员培养的过程中,存在着以比赛成绩为目标的现象,存在着以成绩评价教练员执教能力的现象,这些都是不对的,需要今后加以改进,建立一个科学、合理的战略性训练理念。

2.以大打小,年龄造假现象严重

当前,我国青少年篮球训练中存在着一系列问题,如青少年训练成人模式化;训练以比赛成绩为目标,过于注重比赛结果,忽视青少年运动综合素质的提高等,甚至还出现了以大打小,年龄造假的现象。在这样的情况下,一些适龄的青少年运动员难以参加比赛和训练,导致失去了大量发展自身能力的机会,这是十分不利于我国篮球运动长远发展的。

3.青少年篮球训练成人化导致身心发展不同步

篮球运动员运动技能的提高有赖于一定的身体素质的发展,而运动技能提高了,身体素质也能得到一定程度的发展,因此二者之间是相互影响、相辅相成的关系,在平时的运动训练中,要将运动员的身体素质和运动技能结合起来进行。一般来说,青少年身体素质的提高有一定的阶段性特点,在训练的过程中要遵循这一规律,按部就班地训练,运动训练的负荷量和强度都要与青少年的身体、心理发展相适应。但目前我国一些学校运动队还存在着青少年训练成人化的现象,这是十分不利于青少年身心成长与篮球运动技能提高的,需要及时纠正这一不良现象。

(三)人文操作性训练理念

1.偏重于惩罚式教育管理

通过对我国各篮球俱乐部的调查发现,目前,我国大多数篮球俱乐部在青少年运动员训练与管理的过程中,存在着大量的惩罚式教育的现象,这种现象非常普遍。如运动员在违犯了运动队相关纪律时,教练员常常采用一些惩罚性手段来对待运动员,其出发点是好的,但效果并不明显,这会导致运动员的创造力受到极大的限制,影响其综合能力的发展与提高。一些教练员甚至整堂训练课中都训斥运动员,不会去鼓励和表扬运动员,从而使得训练场上的气氛非常紧张,这对于年轻运动员的心理发展是非常不利的,严重影响到运动水平的提高。

2.教练员和运动员之间缺乏合理有效的沟通与交流

从某种意义上说,教练员与运动员之间是一种师生关系,二者是教导与被教导的关系,也是一种基本的社会群体关系。但二者又不同于一般意义的行政管辖,在具体的训练中,教练员与运动员之间应该建立一种友好、合作的互动关系,充分发挥彼此的主观能动性和创造性,以提高运动训练的效果。

目前,总体来看,我国篮球各运动队中教练员与运动员之间的关系显得比较复杂。一般篮球运动队中,大多数教练员都主要出自优秀运动员,一般来说运动员在退役后,往往只经过简单的学习和培训后就上岗,二者关系的维系在很大程度上取决于彼此间运动技术水平上存在的"势差"。"势差"越大,二者之间的关系就容易协调;"势差"越小,二者之间的关系就容易紧张。这种状况是非常不理想的,是"病态"的,需要采取一定的手段与方法来改进。

3.缺乏对运动员的尊重,不利于运动员积极的自我观的形成

据调查发现,我国大部分篮球运动队对运动员的训练管理都十分严格,采取"从严"管理的方式,以帮助运动员树立高度负责的事业心和培养顽强的意志品质,以及培养高度的自控能力和提高篮球意识的能力。但是,实际上"从严"管理只是一种形式,而不是管理的目标。而有些运动队则没有认识到这一点,在运动员训练管理的过程中,普遍缺乏对运动员的尊重,存在着粗暴管理的现象,有些教练员甚至对运动员实施身体处罚,这种做法严重损害了运动员的自尊心,对运动员的训练造成了极大的打击,直接影响了运动员训练能动性的发挥,不利于训练水平的发展和提高。

第三节 学校篮球运动训练理念的构建和完善

一、教育性训练理念的构建与完善

(一)强化对运动员的文化教育,教育与训练相融合

在篮球运动中,运动员综合素质的提高,不仅仅表现在运动技能方面,而与运动员的文化素质也有着密切相关的关系。因此,篮球运动员的文化教育就显得至关重要。很长一段时间以来,我国篮球高水平运动员的培养与训练主要以单一训练为主,这显然已不能适应当前运动人才发展的需要。在未来的篮球运动训练中,必须要改变这种传统的、单一的训练方式,重视运动员的文化教育,提高运动员的文化素养。在指导运动员进行文化课学习的过程中,要树立训练与教育相融合的理念,将文化教育贯彻整个运动训练的全过程。这对于培养与发展我国篮球运动的高素质人才具有非常重要的意义。

(二)将篮球后备人才的选拔和培养主要基地放在小学、中学,逐渐形成小学、中学、大学、俱乐部、国家队的培养体系

在青少年篮球运动员培养的过程中,应充分结合青少年的身心发展特点与规律进行,利用青少年身心发展的敏感期开展各种各样的篮球活动,让运动员在趣味游戏与比赛中学习与掌握篮球技能。在对青少年篮球运动员培养与训练的过程中,要充分挖掘那些具有潜力的运动员,对这些具有篮球运动天赋的运动员进行系统培养和训练,以为其将来的发展奠定良好的基础。在中学和大学阶段,应将这一部分运动员的学业与运动训练结合起来进行,促进其综合素质的发展。由于运动员在小学、中学阶段就打下了良好的基础,因此到大学就可以得到良好的发展。这样就可以形成一种小学、中学、大学、俱乐部、国家队的培养体系,能培养出优秀的篮球运动员。

二、青少年战略性训练理念的构建与完善

(一)了解并尊重球员的个性

每一名篮球运动员都是不同的,都有自己的个性,个性是区别于其他运动员的个人特征。西方文化特别强调对个人的尊重,允许每个人在特定的范围内充分发挥自己的能力,所以,西方社会都极力倡导人的个性的发挥。而表现在运动训练中,教练员对待运动员的态度在很大程度上影响着运动员的个性发展。

因此,在青少年篮球运动员的培养中,教练员应充分了解运动员的个性与特征,并对其给予必要的尊重,使其充分发挥自己的创造性。如此才能帮助青少年运动员得到更好的发展。

(二)按照青少年的身心特点及发展规律进行针对性的训练

在青少年篮球运动员的培养与训练中,其目标是培养高水平

的篮球运动人才。这就对篮球运动员的身心素质、技战术能力等提出了较高的要求。在篮球训练的过程中,应将运动员的身心特点和发展规律充分结合起来,制订一个科学、合理的训练计划,按照训练计划按部就班地进行训练。

除此之外,在篮球运动训练中,应帮助篮球运动员在青少年时期形成正确的动力定型,使运动员获得终身受益的运动素质和能力,这能为运动员今后的训练与比赛奠定良好的基础。

(三)增强自信心,提高比获胜更重要

在青少年篮球训练中,教练员要帮助运动员建立一定的自信心。自信心是指运动员的一种态度以及对自己打球能力的信念,它能帮助运动员完成自己预想的结果和任务。因此,运动员自信心的培养与建立也是非常重要的。

一名具有强烈的自信心的青少年篮球运动员,在面对压力时,能够做到不紧张,保持冷静和放松;能将注意力集中在某一关键环节上;能保持旺盛的精力去主动寻求解决问题的办法;能帮助自己刻苦训练,并持之以恒;能在比赛时掌握比赛的主动,控制比赛的节奏,敢于挑战不可能。

因此,在青少年篮球训练理念中,增强运动员的自信心,以强烈的自信心去进行训练和比赛具有重要的意义。

三、人文操作性训练理念的构建与完善

人文操纵性训练理念也是篮球运动训练中一个非常重要的理念,这一训练理念强调教练员与运动员之间的沟通与交流,强调运动员意志品质的培养,强调运动员心理状态的控制,强调运动员团队意识的培养等。

(一)教练员与运动员要进行有效的沟通与交流

为了保证及时地沟通与交流,教练员应该保持与运动员密切

的交谈,以充分了解每一名运动员的个性和运动水平。双方之间和谐关系的建立对整个篮球运动队来说是至关重要的。

教练员与运动员进行沟通与交流时应做到以下几点要求。

第一,教练员既要指导也要提问,充分激发运动员训练的热情,了解其前进的动因理想等。

第二,倾听运动员、家长及其他教练的意见,综合各方面的考虑,以寻求最佳训练方案。

第三,双方在沟通时,要考虑清楚自己要说什么,想表达什么。

第四,在运动训练中,教练员所发出的指令和信息要尽量简短、易懂。

第五,避免使用刺激话语,不要打击运动员训练的积极性。

第六,双方之间不要相互指责,应积极地肯定运动员的优点,帮助运动员发展自己各方面的素质与能力。

(二)磨炼运动员的意志、培养勇气

篮球运动训练是一个长期的过程,这一过程是比较艰苦和枯燥的。只有具有顽强的意志品质的运动员,只有运动员经受了激烈对抗的全过程,承受体力的大量消耗以后,才能获得比赛的胜利,因此说培养运动员顽强的意志品质是非常重要的。

在篮球运动训练中,很多时候都是在艰苦的环境与条件下进行,因此,没有一个顽强的意志品质是难以进行下去的,而对运动员意志品质的培养,则要针对运动员的不同身心特点与个性去培养。如用弹网发展运动员动作的协调性与灵活性;山地行军培养运动员勇敢、自信的意志品质;而在篮球专项运动训练中,可采用超负荷、强对抗的练习以提高运动员的抗压能力等。

(三)控制情绪、形成稳定平和的心态

篮球运动员在训练与比赛中,只有始终坚持稳定、平和的心态,才能发挥出最佳水平,获得训练与比赛能力的提高。因此,在整个篮球训练过程中,教练员和运动员要用平和稳定的心态去对待每一次训练。在比赛中,如果比分领先于对手,绝不能喜形于色;比分落后于对手的时候,也不要情绪低落。面对对手的挑衅要控制好自己的情绪,要用平和稳定的心态去对待,这样才能获得成功。

(四)培养团队意识,构建团队凝聚力

篮球是一项集体性运动项目,因此培养运动员的团队意识,形成团队凝聚力,对运动队比赛成绩的取得具有十分重要的作用和意义。团队凝聚力的形成将经过开始阶段、冲突阶段、稳定阶段、表现阶段,即已经形成并接受实践的考验。在篮球运动中,运动团队凝聚力的形成有赖于教练员和运动员共同的合作,有赖于他们的心理与情感的稳定性。但是如果团队凝聚力一旦形成,运动员就越容易取得优异的比赛成绩。

一个成功的团队,成员的责任感都非常强,这也是构建团队凝聚力的重要基础。团队的凝聚力主要有两个方面:任务凝聚力和社会凝聚力。任务凝聚力是指篮球运动队中,教练员和运动员在技战术打法、训练与比赛理念等方面的看法一致,能达成共识。这一凝聚力的形成有助于团队之间的密切合作,有利于取得好的成果;如果缺乏这种凝聚力则会出现信任危机、配合不协调等各方面的问题。社会凝聚力是指拥有社会凝聚力的球队,运动员之间能够愉快地交流,沟通与合作的能力较强,能积极寻求各方面的帮助去解决问题。因此,加强篮球运动队的凝聚力,以上两个方面缺一不可。

四、构建和完善篮球运动训练理念的注意事项

(一)重视篮球竞技规律的研究

篮球竞技规律在一定程度上决定着篮球运动的总体发展方向,推动着篮球运动的发展。因此,在学校篮球训练中,重视篮球

竞技规律的研究显得尤为必要。篮球竞技规律突出表现在以下几个方面：

1. 攻守平衡规律

篮球是一项攻防结合的对抗性运动,其中蕴含着攻守对抗矛盾。在篮球比赛中,只有找准攻守平衡的规律,把握好攻与守的平衡,才有可能获得比赛的胜利。在篮球训练中,体育教师要重视篮球攻守平衡规律的指导,指导学生进行攻守平衡的训练。

2. 全面与特长发展规律

全面,即个人技术或全队实力的全面性。而特长,则是指全面基础上个人特殊能力的培养。可以说,拥有既有全面技术,又具有个人优势的球队,往往具有较强的竞争力。因此,在学校篮球训练中,体育教师要正确处理好全面与特长之间的关系,既加强学生的全面技术训练,又加强学生的特长训练,从而实现篮球运动训练的辩证统一。

3. 集体性规律

篮球运动是一项集体性项目,要想取得比赛的胜利就必须依赖于集体力量的发挥。在篮球比赛中,只有将个人的技艺融于集体之中,实现个人技术与集体力量的有效结合,才能充分发挥出集体实力,从而取得比赛的胜利。因此,在平时的篮球训练中,把握篮球运动的集体性规律,对于篮球运动训练水平的提高和比赛成绩的获得都具有十分重要的意义。

(二)重视训练方法手段的科学性

随着篮球运动训练水平的不断发展,训练手段与方法越来越丰富,这对体育教师教学提出了更高的要求。这要求体育教师要充分发挥自己的创新能力,从深层次探索篮球运动科学训练的规律,不断创新先进的教学手段与方法。在篮球训练手段与方法的选择上,体育教师要结合自己的经验和学生的具体实际,选择或创新出既利于整体又利于个人训练的方法与模式,增强整个篮球训练过程的可控性和科学性,提高篮球训练的科学化程度,这样才能有效地提高篮球训练的质量和效果。

(三)重视篮球技战术的创新

创新是篮球训练的灵魂,只有坚持篮球技术、战术等的创新,才能保证篮球训练的活力,才能有效提高篮球运动员的训练水平,提高篮球运动技能。在现代篮球训练条件下,对篮球技战术进行创新,首先要进行篮球技术动作的创新,如在防守球员封盖下的各种不同方式的投篮、传球;不同条件、不同时机下各种技术动作的运用等。其次要进行战术配合的创新,不同的比赛形势下,实现技术与战术的有效配合,创设出适合比赛情境的战术等。总之,只有通过篮球技术、战术创新,才能提高篮球训练质量,进而获得理想的比赛成绩。

(四)重视全面系统的训练理论

在整个篮球训练系统中,篮球训练理论非常重要,它对于运动员参加篮球训练实践具有重要的指导意义。因此,体育教师在进行篮球教学训练的过程中,要重视全面而系统的篮球训练理论的贯彻与把握,以为篮球运动员的系统训练提供重要的理论依据。在运动训练结束后,体育教师要就训练中运动员出现的各种问题进行理论分析,及时发现训练与比赛中出现的各种问题并加以解决,从而保证运动员运动水平的提高。

(五)重视训练过程的科学监控

训练过程监控是篮球训练系统的重要组成部分,因此加强篮球训练过程的科学监控也是十分必要的。科学监控首先是对训练计划的监控,如对训练的目标、方法、全局安排、专项训练等进行监控,以将运动员的训练能力调节到最佳比赛期。随着现代训练理论的不断完善与发展,运动训练负荷已从大运动量转向大强度,并突出强度训练在运动训练过程中的效果。一般来说,在篮球训练中,运动员在掌握新难技术时,负荷量和强度要小;在发展运动机能能力时,负荷量和强度要大;在发展动作对抗性能力和提高动作熟练性时,负荷强度要大,同时负荷量相对减小;在比赛中技术运用时,要增加适宜的心理压力。

除此之外,在平时的篮球训练中还要加强学生的心理能力训练,体育教师要帮助学生学会调节自己的情绪并获得良好的自信心。要加强运动员情绪稳定性和必胜信念,提高赛前激活水平,并把最适宜的激活水平控制在比赛期间。另外,篮球训练后的恢复也是非常重要的,训练后恢复手段的选择要充分结合学生的身心特点和实际能力而定,通过良好的恢复手段的运用能帮助学生产生最大的超量恢复,从而促进训练水平的提高。

第七章 篮球运动技术教学与训练体系的创新发展

篮球技术是篮球运动的核心,运动员的技术水平直接决定了其在篮球比赛中的发挥,因此一名优秀的篮球运动员必须掌握全面、扎实的篮球运动技术。在学校篮球运动教学中,篮球运动技术是教学的重点和主要内容。本章主要就篮球运动技能教学与训练的基本原理与篮球运动技术体系进行详细分析,并就篮球运动技术的科学学练方法进行系统分析。

第一节 篮球运动技术教学与训练概述

一、篮球运动技术概述

(一)篮球运动技术概念

篮球技术是篮球比赛中运动员为了进攻与防守所采用的专门动作方法的总称。篮球运动技能是运动员在比赛情况下的一种专项运动动作的合理运用,是运动员篮球比赛实战能力的基础表现,也是运动员各项篮球专项体能、心理、智能的综合表现。

篮球技术是运动员进行篮球比赛的基本手段,是运动员参赛的基础和前提。

从动作方法来看,在篮球比赛中,运动员运用的篮球技术的篮球运动专项进攻与防守所采用的专门动作方法,是篮球专项动作模式的理想化形式,是规范化了的动作模式,这种动作模式是篮球运动专项所特有的,区别于其他体育运动项目,具有专项性、专门性、合理性、规范性。

从运用实践来看,在篮球比赛中,运动员的各种技术动作、技术动作组合的实施是对既定的篮球专项动作的操作,但不仅仅限于动作的充分操作,动作技术的操作伴随着运动员的主观思路和动作技巧,是一种有意识的行为。

就篮球技术与战术的关系来看,篮球技术是个人对抗的基础,是篮球战术的基础,任何战术意识、配合、方法都需要运动员准确的篮球技术动作的掌握与灵活运用。

的

(二)篮球运动技术体系构成

在篮球运动的发展过程中,运动员特征(身高不断增加)、体能与动作技巧的发展,篮球运动场地、器材、设备、规则等的发展都对篮球运动技术的发展具有重要的影响。

发展到现在,篮球运动技术已经由最初的一些简单动作逐渐发展并形成为一个复杂、庞大的体系,通过对篮球技术体系进行分析,有助于篮球运动者更好地认识篮球运动技术构成、理解不同篮球运动技术之间的逻辑关系。

一般认为,现代篮球运动技术体系是根据动作结构进行有机组合的,篮球运动技术体系具体可分为:基本技术(姿势、移动步法)、进攻技术、防守技术。抢篮板球同属于进攻与防守技术,但在动作细节上有所不同(图7-1)。

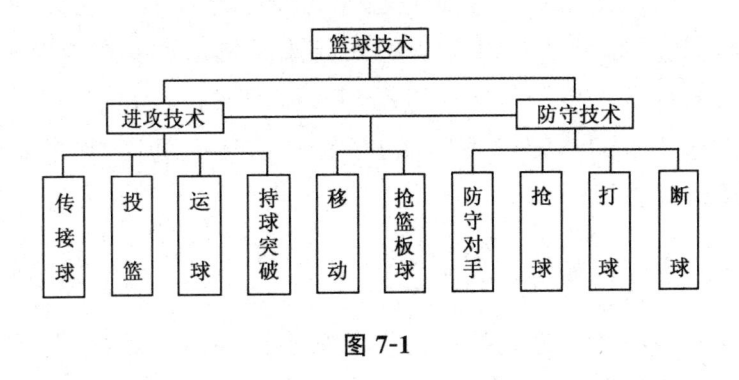

第七章　篮球运动技术教学与训练体系的创新发展

图 7-1

二、篮球运动技术教学与训练的理论依据

（一）认知理论

个体对事物的认知具有一定的规律性，篮球运动技术教学与训练应充分尊重学生对篮球运动技术的认知特点、过程和阶段特征，有计划、有步骤地合理设计与开展教学与训练。

篮球运动技能属于开放性运动技能，因此，篮球运动技术教学与训练上就应该重视在教学与训练实践中突出篮球开放式运动技能的特点。具体来说，开放式运动技能的学习是在不可预见和复杂的情境中完成的，要求学生具备预见复杂情景和应对多变情景的判断能力、应变能力、创造能力等。因此，在篮球运动技术教学与训练中，就应该结合篮球运动技术特点创造这种技术情景，例如，多采用比赛的方法，展开对学生篮球技术的训练。教师还应根据篮球运动技术学习与认知的基本规律开展教学，并结合与体育教学相关的学科理论知识来指导篮球技术教学与训练实践。

在篮球技术教学与训练中，重视学生与篮球技术相符的各种应变能力、对抗能力、配合能力的培养的同时，注意学生技术运用的相应的意志品质培养。

此外，运动水平变化与认知方式变化有一定的正相关性，通过篮球专项认知训练可以促进篮球运动水平提高。在篮球技术教学与训练中,不仅要组织学生进行篮球技术相关的身体运动,还要重视对学生传授与篮球运动相对应的操作性知识,以加深学生对篮球技术的认知广度与认知深度,使学生更快、更准确地掌握篮球运动技术。

(二)篮球技能形成规律

任何一项体育运动技能的形成都不是一蹴而就的,都需要经历一个由浅入深、由表及里、由不熟悉到熟练掌握的过程。篮球技能的形成也不例外。

具体来说,篮球运动技术的形成与发展需要经历几个阶段,即对篮球运动技能的粗略掌握、改进提高与巩固篮球运动技能的阶段和篮球运动技能的创新发展阶段。

从篮球运动学练的生理本质来看,学生学习篮球运动技能、掌握篮球运动技能的过程,就是学生通过参与与篮球运动相关的身体练习,使大脑和身体机能产生适应性,并产生记忆功能,使篮球运动技能与大脑神经建立复杂、连锁的条件反射的过程。因此,篮球运动技术的教学与训练应重视学生各项与篮球技术相关的身体练习刺激,并通过反复训练促进大脑相应神经中枢产生反应并建立神经联系,使机体产生运动条件反射,最终形成动作的自动化。

(三)运动员机能变化规律

学生的篮球技术学练,需要身体活动的参与,而人的生命有机体是一个客观存在,具有其自身的运动适应性特征,这一点在篮球技术教学与训练中必须明确,不能不考虑身体机能的特点与发展规律随意安排运动训练。

首先,篮球技术学练应循序渐进,在练习中使人的生理机能活动由安静状态逐渐进入工作状态。

其次,篮球技术学练应注意负荷控制,不能超过生理机能的承受极限,以免对学生身心造成损害。

第七章　篮球运动技术教学与训练体系的创新发展

最后,篮球技术学练结束后不能立刻停下机体运动,要通过积极性休息逐渐过渡到安静状态,给身体一个放松过程。

(四)运动员生理机能适应原理

篮球运动技术教学与训练以理论讲解为基础,以身体练习为主要内容,身体练习过程中,要充分考虑运动员生理技能的适应性,遵循运动员生理机能适应规律,结合运动员生理机能适应原理开展篮球技术教学与训练有利于达到事半功倍的效果。

在个体生理技能适应原理中,运用最广泛的是超量恢复原理。超量恢复又称"超量代偿",该原理指出,在一定范围内,运动量越大,人体各器官和肌肉的功能动员就越充分,能量物质消耗就越多,超量恢复就越明显。

学生掌握篮球运动技术,需要承受一定的运动负荷,在身体负荷工作过程中,体能能源物质和能量不断消耗,会产生疲劳和机体能力下降的情况,此时不要立刻停止训练,应经过间歇与调整使机体再坚持一段时间,可出现能量补偿(超量恢复),能有效提高机体的工作能力。

三、篮球运动技术教学与训练的步骤及要求

(一)篮球运动技术教学与训练步骤

1.掌握技术动作,形成动力定型

(1)建立完整的技术动作概念与正确的动作表象

在篮球运动技术教学与训练中,应首先帮助学生建立完整的技术动作概念,这是学生掌握篮球运动技术的基础。如果学生对技术概念都不了解,就很难再进一步掌握技术动作了。

在学生掌握完整的技术动作概念之后,教师应通过合理教法的运用,主要是直观教学法,如教具展示、动作示范,使学生建立正确的技术动作表象,了解整个篮球技术动作的完成过程,并对

其运用条件、作用、要点等有初步的了解。

该阶段的教学与训练中,教师应重点检查学生在篮球技术动作完成过程中的主要环节和关键动作,并以动作概念来纠正错误技术动作,以技术动作规范来强化对技术概念的理解。

(2)建立正确的技术动作定型

在学生掌握完整的篮球技术动作概念与正确的动作表象之后,应通过组织学生反复练习来熟悉技术动作。

篮球教学与训练实践中,学生对篮球技术动作的掌握不可能一步到位,学生并不是每次都能顺利地完成动作,常会产生这样或那样的错误,教师或教练员要善于发现并纠正错误,这对于帮助学生形成正确的技术动力定型十分重要。具体来说,在学生的篮球技术动作练习过程中,教师应及时纠正所出现的各种技术动作问题,争取通过学生的反复训练来帮助其机体和大脑建立起正确的篮球技术动作运动条件反射,形成正确的技术动作定型。

如果学生能熟练、准确地完成篮球技术动作,教师可在此基础上,适当加大练习难度或提高完成动作的要求,进一步巩固、改进和完善学生对篮球技术动作的掌握,使其篮球技术更加完善,即使是在有外界因素干扰的情况下,也能够正确无误地完成篮球技术动作。

2.掌握组合技术,初步灵活运用

在篮球运动实践中,技术的运用不是单一存在的,往往需要运动员综合多种技术,才能达到既定的目的,因此,在学生掌握了各项单个的篮球运动技术之后,就要加强学生对这些技术动作的组合操作,提高学生篮球技术的合理与有效衔接。

(1)掌握动作组合之间的衔接

掌握组合技术,首先要解决相邻的技术动作之间的衔接问题,在教学训练之初,可以先强调技术动作完成的正确性,不强调技术动作完成的速度,等到技术动作熟练掌握之后,可以逐渐加快技术动作的完成速度,反复练习,以达到技术动作的合理、连贯。

(2)提高完成组合技术的质量

在保证技术动作合理衔接、正确完成的基础上,提高技术动作组合的完成质量。这同样离不开学生对技术动作组合的反复练习。在练习过程中,应进一步掌握组合技术的节奏、速度与动作的准确性,并通过技术完成快、慢节奏的控制,提高技术动作完成质量。

(3)提高技术动作的应变能力

篮球运动中,运动者对技术动作应用的应变主要表现在两个方面:一是通过一种技术动作组合向另一种技术动作的转变,来改变篮球技术的实施;另一个是通过在技术动作组合中加入假动作来迷惑对手,进而保证自身正确地完成技术动作。注意假动作要做得逼真,技术动作改变要快速。

3.攻守对抗条件下,创新运用技术

在熟练掌握技术动作和组合技术的基础上,结合篮球比赛实战,提高学生对篮球运动技术的创新运用能力。

篮球运动技术在篮球比赛中并非刻板地运用,而是要结合场上赛况、对手特点灵活运用,这就需要运动员具有创新意识,并具备良好的应变能力,能灵活运用自己所掌握的各种篮球技术动作与技术动作组合。

在该教学与训练阶段,教师可以通过组织学生进行以下练习提高学生的技术灵活、创新运用能力。

(1)在规定条件的攻守情况下,掌握时机,及时、准确地完成技术动作。

(2)在消极攻守对抗的情况下,选择时机,运用假动作迷惑对手,完成技术动作或组合。

(3)在积极攻守对抗的情况下,教师针对对手不同类型的干扰与制约,进行有针对性的讲解与分析,再组织学生进行各种问题条件下的技术动作与组合训练。

在篮球技术教与训练中,具体教学与训练步骤并非一成不变,教师可结合学生情况和教学训练需要进行适当调整。但无论怎样调整,都要在教学与训练中严格要求学生,规范技术、反复练习,不断强化巩固与提高。

(二)篮球运动技术教学与训练要求

1.明确任务,设置目标

在篮球运动技术教学与训练中,教师要明确教学与训练任务,并让学生对此有充分的了解,同时,结合具体的教学与训练任务制订详细、具体的教学与训练目标,通过科学组织教学与训练,要求学生完成学习任务、达到训练目标。

篮球运动技术教学与训练任务、目标的制订应符合学生的年龄特点和技术阶段性发展特征,教学与训练计划的制订应科学、系统并具有可操作性。

2.全面发展,突出重点

现代篮球竞争激烈,运动员必须掌握全面的技术,才有可能应对场上出现的各种问题。以往,人们只注意进攻技术的训练而忽视防守技术的练习,但随着篮球运动的不断发展,篮球场上攻守转换快,进攻和防守可在几秒钟完成,只重视进攻技术训练或只重视防守技术训练都是片面的,应做到攻防技术的全面发展。

在坚持篮球技术的全面发展时,还要重点突出,结合不同的篮球运动者的特点,使其具有自己的特长技术,并能在比赛中具有一定的技术优势。

3.重视球感的培养与训练

篮球运动技术教学与训练中,应注重学生"球感"的训练。"球感"是篮球运动者通过长期的运动训练所获得的一种专门化的复合知觉,其对个体篮球运动技术的掌握与提升具有非常重要的意义,不断地进行篮球运动技术的训练实践,是增强这种"球感"的唯一途径。教师和学生都应明确这一点。

4.适应现代篮球的特点,加大对抗力度

现代篮球比赛竞争激烈、对抗性强,在日常的篮球运动技术教学与训练过程中,教师应特别重视组织学生进行高强度对抗下的技术练习,以此来提高学生的技术实战运用能力。具体来说应做到以下几点:

(1)抓好基本技术训练,建立正确的动作定型。
(2)熟练掌握组合技术,提高难度,为对抗奠定基础。
(3)加强实战训练与难度训练,提高学生对篮球运动技术运用和应变能力。

第二节 脚步移动技术教学与训练方法创新设计

一、起动技术教学与训练方法创新设计

(一)起动技术教学

起动,是移动的开始,是篮球运动脚步移动技术的重要基础。

起动时,先降低重心,两脚瞬间迅速、有力蹬地,提重心、身体前倾,快速向前位移,双手配合身体摆动(图7-2)。

(二)起动技术训练方法创新设计

(1)听信号,两脚技术原地蹬地跑。
(2)连续起动跑,一步急停。
(3)连续起动跑,两步急停。
(4)原地碎步跑后立刻起动跑,跑5米,重复上述练习,反复多次训练。
(5)要不做虚晃假动作后立刻起动跑,跑5米,重复上述练习,反复多次训练。

图 7-2

二、移动技术教学与训练方法创新设计

(一)移动技术教学

1.跨步

跨步是篮球运动移动技术中最简单的一项移动技术。移动时一脚为中枢脚,另一脚跨出。

(1)同侧跨步:屈膝,一脚做中枢脚蹬地,另一脚向移动方向跨出,跨出后重心移至跨出的脚。

(2)异侧跨步:屈膝,一脚做中枢脚蹬地,另一脚向与脚相反的方向跨出,跨出后,重心移至中枢脚。

2.滑步

在篮球运动中,滑步属于防守性移动技术,根据移动方向,可分为以下几种:

(1)侧横滑步:两脚并立或开立,根据对手或球的移动方向,连续向一侧进行快速的、连续的跨步移动,双手注意张开阻截对方和来球(图 7-3)。

(2)前滑步:上体前倾,快速向前,连续开立跨步移动。

(3)后滑步:与前滑步动作相同,方向相反。

第七章 篮球运动技术教学与训练体系的创新发展

图 7-3

3. 滑跳步

滑跳步,又称碎步,属于篮球防守性移动技术,具有步幅小、频率快、防守面大的特点。

滑跳时,屈膝,使重心下降,上体前倾,一脚连续蹬地,两脚小步幅、快频率向移动方向滑动。

4. 攻击步

攻击步同样属于篮球防守性移动技术,是防守队员向进攻队员的突然性跨步逼近。

做攻击步时,屈膝,使重心下降,上体前倾,后脚用力蹬地,前脚迅速前跨逼近对手。

5. 后撤步

后撤步,简单来说就是前脚变后脚。撤步时,前脚用力蹬地,以腰腹发力带动身体向后撤转,同时,前脚向后撤回,后脚用力碾地。

6. 绕步

绕步是篮球运动员的防守移动步法,可分为绕前步和绕后步。绕前步时,一脚向前跨出,另一脚迅速跟进,使整个身体绕过对手。

7. 跑

跑是一种快速移动,能为篮球运动员在赛场上争取更多的进攻与防守时间。根据移动方式,可分以下几种:

(1)变速跑:利用速度变化进行快速的脚步移动。

(2)变向跑:跑进过程中,突然用与移动方向相反方向的脚用力蹬地,屈膝,扣脚尖,腰部向移动方向转动,另一脚大步向移动方向跨出,蹬地脚迅速跟进,改变跑动方向(图 7-4)。

(3)侧身跑:脚尖对准跑动方向,身体向移动方向倾斜,双脚迅速向移动方向迈进。

图 7-4

8.跳

跳是篮球运动员争取控制高度空间的纵向移动技术方法,可分为以下两种:

(1)单脚跳:起跳前,起跳腿屈膝,脚掌用力蹬地,腰胯上提,双臂上摆,另一腿屈膝上抬,利用蹬地力量使身体腾空。

(2)双脚跳:屈膝,使身体重心降低,双脚脚掌用力蹬地,腰胯上提,双臂上摆,利用蹬地力量使身体腾空。

9.急停

从移动变为静止状态的制动步法,具体可分以下两种:

(1)跨步急停:跨出一大步,身体后仰缓冲,再跨第二步,制动并保持身体平衡,双臂微张(图 7-5)。

图 7-5

(2)跳步急停:用单脚或双脚起跳,落地后屈膝、降低重心,转化和消除移动中的动能,达到制动目的(图 7-6)。

第七章　篮球运动技术教学与训练体系的创新发展

图 7-6

10. 转身

屈膝,上体稍微向前倾,重心在两脚之间,前脚碾地,移动脚用力蹬地,上体随移动脚的蹬转改变身体方向,碾地脚向移动方向跨出,并支撑身体,另一脚随即跟上或继续向移动方向迈出。

(二)移动技术训练方法创新设计

1. 弧线跑

训练方法:全体学员分成两队,分别站在篮下两侧,听信号,本队第一人从一端跑向另一端,依次进行弧线跑进,反复练习(图7-7)。

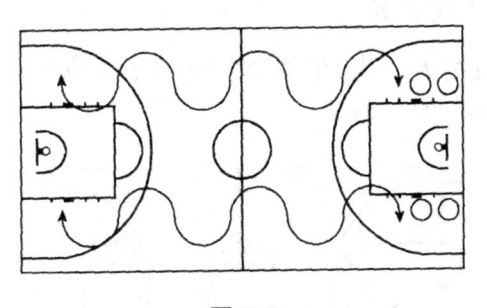

图 7-7

2. 急停后转身跑

训练方法:从篮球场地一端的端线,跑向另一端的端线,在中途的几个标志点进行转身跑,要求后转身 75°~90°,提高步法变化的速度和灵活性(图 7-8)。

图 7-8

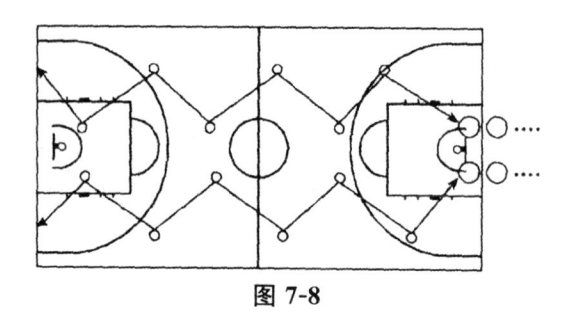

3.3 米折返跑

训练方法:距中线 3 米处画一条平行线,双脚站在中线外,听信号后跑动,脚接触 3 米线后变换为交叉步折返跑,脚踩中线后再折返跑回(图 7-9)。

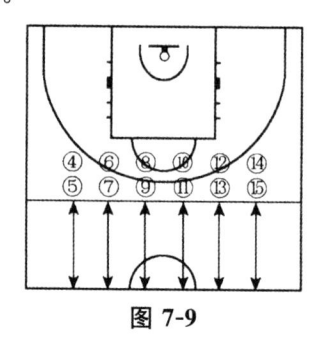

图 7-9

4. 沿跳球圈追逐跑

训练方法:两人一组,沿跳球圈追逐跑,拍到对方背部后交换角色继续追逐跑(图 7-10)。

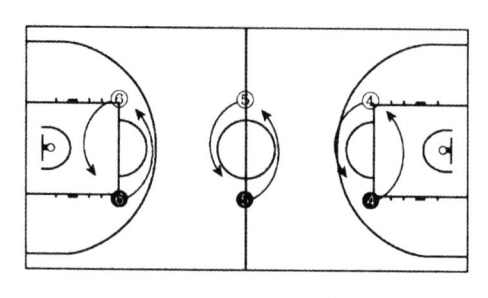

图 7-10

5."8"字形跑

训练方法:端线后站立,从限制区与端线的交点处起跑,绕三个跳球圈,向外做侧身弧线跑(图7-11),掌握并提高侧身弧线跑时速度变化的能力。

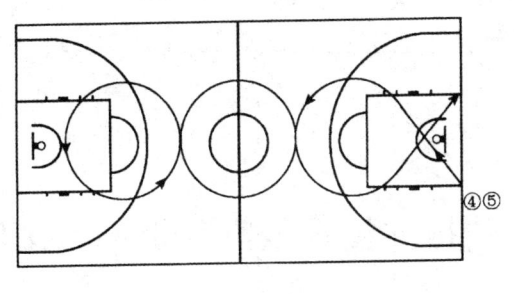

图 7-11

6.穿梭跑

训练方法:在场地中间设多个障碍物△,从场地端线一侧出发,绕障碍物穿梭跑,以提高脚步移动的灵活性(图7-12)。

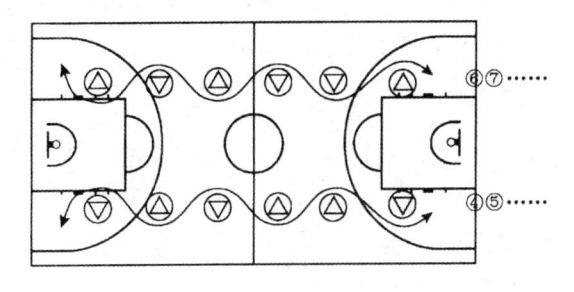

图 7-12

7.综合性脚步移动训练

训练方法:在场地中间设多个障碍物△,跑到障碍物前急停,做虚晃摆脱假动作后,变向起动跑到下一个障碍物,依次重复上述动作直到到达最后一个障碍物后,转身沿边线向内侧身跑返回,跑至前场罚球线延长线附近,再加速冲过篮下(图7-13)。

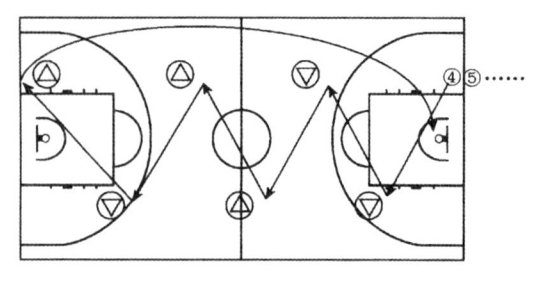

图 7-13

第三节 传接球技术教学与训练方法创新设计

一、传接球技术教学

传接球技术水平会直接影响到比赛中运动员的篮球战术的执行,还在一定程度上影响场上进攻的成功率,因此必须重视和加强篮球传接球技术教学与训练。

(一)传球

传球技术由准备姿势、持球、传球三部分组成,传球应准确、及时、隐蔽,有如下几种方法:

1. 双手传球

(1)双手胸前传球

传球前,两腿前后开立,屈膝,身体前倾,双手在腰腹间持球,目平视。传球时,后脚蹬地发力,两臂前伸,食指与中指迅速拨球,将球传向目标方向(图 7-14)。

(2)双手头上传球

传球前,双手头上持球,肘微屈;传球时,双手持球移至脑后,腰腹带动手臂用力,将球向前推出。

图 7-14

(3) 双手低手传球

传球前,双手托球下半部,身体向传球方向移动一步;传球时,以手臂发力,将球推向队友腰腹位置。

(4) 双手击地传球

双手击地传球基本同胸前传球,只是球传出时手指向下用力,使球碰地板反弹后到达队友腰腹位置。

2. 单手传球

单手传球力量大,适合于远传,可分为单手头上、肩上、胸前、体侧等不同部位的传球,这里以单手肩上传球为例。

传球前,单手肩上持球,两脚前后开立;传球时,以肘关节领先,挥臂、扣腕,手臂外展后用力前挥,用手指将球向目标方向传出(图 7-15)。

图 7-15

(二)接球

击球技术包括准备姿势、接球和持球三个动作环节,接球时要准确无误,接球后应护球,以防被对手抢断或打掉。

1.单手接球

以右手接球为例,接球前,看准来球,右脚向来球方向迈出,右臂前伸准备迎接球;接球时,右手手指自然张开呈勺形,手臂伸向来球方向,手触球后迅速向下引臂,同时左手协助护球,双手握球至于腰腹间(图7-16)。

图 7-16

2.双手接球

接球前,两脚前后开立,上体前倾,看准来球;接球时,双臂向前伸出,两手呈球形迎接球,手指触球后,迅速握球、回收双臂,抱球于腰腹间(图7-17)。

图 7-17

二、传接球术训练方法创新设计

(一)原地传接球训练

(1)原地徒手双手持球动作的模仿练习。
(2)距墙 3 米左右,向墙上做双手胸前传接球练习。
(3)两人面对面原地传接球,两人一组一球,相距 4~6 米,由慢到快,由近到远进行各种传接球练习。
(4)两人一组一球,相距 4~6 米,做规定动作的传接球练习。如双手头上传接球、左右手单手体侧传接球、左右手勾手传接球、单手肩上长传球等。

(二)行进间传接球训练

1. 横向移动换位传接球

训练方法:如图 7-18 所示,4 人一组,各相距 4~5 米,呈"口"字形。④与⑤持球,分别将球传给⑥和⑦后,④与⑤横向移动交换位置,分别接⑥与⑦的回传球,⑥与⑦传球后同样横向移动换位接球,如此反复进行。

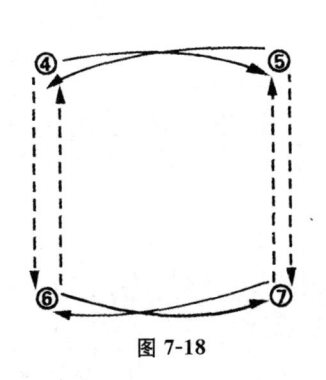

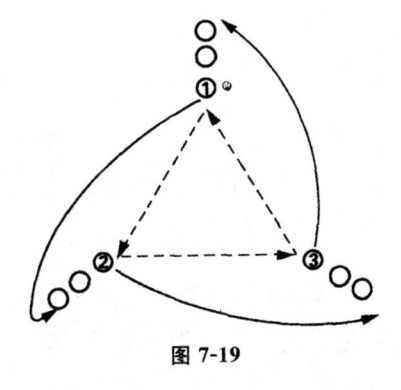

图 7-18

图 7-19

2. 三角传接球

训练方法:如图 7-19 所示,全体学员分成三组,分别呈三角形纵向站立,各队排头相距 4~6 米。①传给②后跑到②队尾,②传给③后到③队尾,③传给①组后,跑到①组队尾,依次进行。

3.跑动换位传接球

训练方法:如图7-20所示,全体学员分成两队,相对站立,①传球给③后,接③的传球,③传给①球后跑到①侧面,接①的传球,③再传球给②,然后跑到②队尾,①跑动到④队尾。

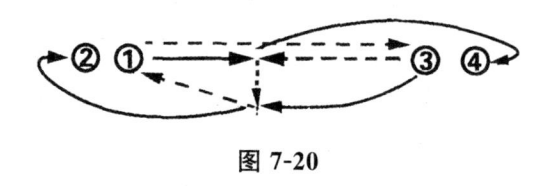

图 7-20

4.面对面跑动中接球急停后的传球

训练方法:全体学员分两组面对面站立,在跑动中接球急停,把球传出,传球后跑到对方队尾(图7-21)。

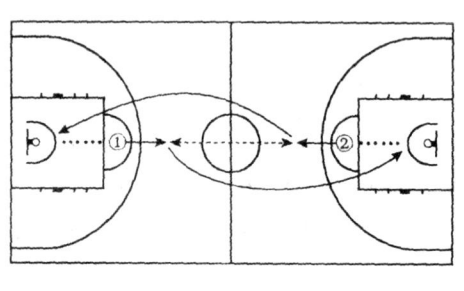

图 7-21

5.四角直线传接球

训练方法:如图7-22所示,全体队员分四组,①传②、②传③、③传④、④再回传①,依次反复传接球。

6.四角传球上篮

训练方法:如图7-23所示,①传球给②,②传给③,③传给④后向篮下切入,接④的球上篮。依次反复练习。

7.三人快速移动传接球

训练方法:三人两球,站在端线外。如图7-24所示,①②各持一球,①传球给③后向前跑动,在跑动中接②的球并回传,再接③

的球并回传……,直到跑到对侧端线。

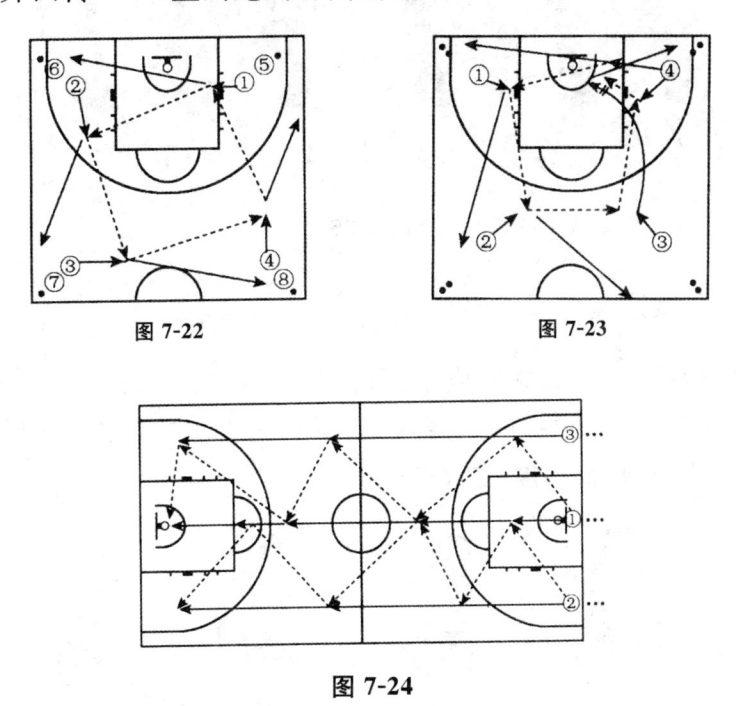

图 7-22

图 7-23

图 7-24

第四节　运球技术教学与训练方法创新设计

一、运球技术教学

下面均以右手运球为例,详细讲解分析篮球运球技术。

(一)高运球

高运球力量大,速度快,便于控制。运球时,上体前倾,运球手的手臂自然弯曲,以手指用力拍打球的后上方,使球的反弹高度控制在腰胸之间(图7-25)。

图 7-25

(二)低运球

低运球时,能对球形成很好的保护,要求运球者屈膝降低重心,上体前倾,运球手的手臂弯曲,手指拍打球的上方,球的反弹控制在体侧、膝盖高度(图 7-26)。

图 7-26

(三)运球急停急起

快速运球过程中,突然降低重心,手指原地按拍球,使球停止前行,双脚用力向后蹬地,再次起动,同时按拍球随身体移动(图 7-27)。

图 7-27

(四)行进间运球

1. 变向不换手运球

变向时,按拍球的后上方,将球从体右侧向体前按拍,再将球迅速拨回右侧。

2. 变向换手运球

变向时,先向右侧做运球的假动作,然后突然按拍球,使球经体前反弹至左前,右脚左跨,左体转,换左手按拍球,同时随身体向左移动。

(五)运球转身

以左脚为轴蹬地,左转体,右手将球拉至身体后侧,换左手运球(图 7-28)。

图 7-28

(六)背后运球

右脚前跨,右手将球拉到身体右后侧,使球从背后反弹至左侧前,换左手运球(图 7-29)。

图 7-29

(七)胯下运球

变向时,右手拍按球的右侧上方,将球从两腿之间运至身体左侧,换左手运球(图 7-30)。

图 7-30

二、运球技术训练方法创新设计

(一)原地运球训练

(1)原地拍起静止不动的球。
(2)两手交替直臂对墙运球。
(3)原地体前变向换手运球。
(4)双手同时体侧或不同时依次交替运球。
(5)双手原地各自运球。
(6)原地环绕两腿做"8"字运球。

(二)行进间运球训练

1. 绕圆运球

训练方法：如图 7-31 所示，全体学员分为六组，相对站在两侧边线后，排头在听信号后启动运球，绕场内圆圈一周返回原位置交给本队下一个成员，然后排至队尾。各组学员按此方法依次进行。

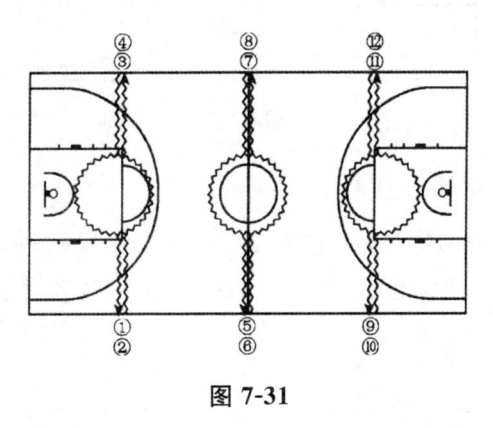

图 7-31

2. 快速弧线运球

训练方法：如图 7-32 所示，全体学员分为四组，站在端线外，①和②组成员各持一球，运球绕过场地上的圆圈至另一端后，分别将球传给③和④。③和④按上述方法运球至另一端线交给下一组成员。

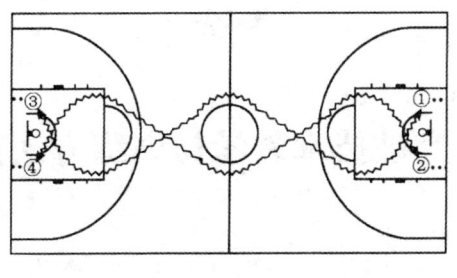

图 7-32

3.全场曲线运球

训练方法：如图 7-33 所示，人手一球，站在端线外，运球经过场地上的三个圈至另一侧上篮，无论是否投中，都再运球返回。

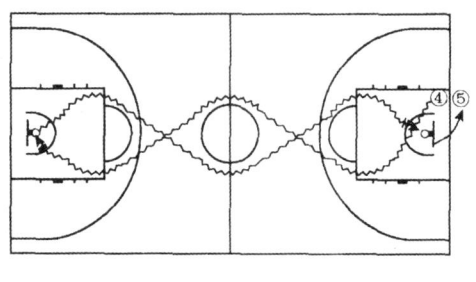

图 7-33

4.运球综合技术训练

训练方法：如图 7-34 所示，全体学员分为四种，排头持球，向场地中圈运球，到中圈急停，将球传给下一名队员：①传⑤，④传⑧，⑦传⑪，⑩传②……

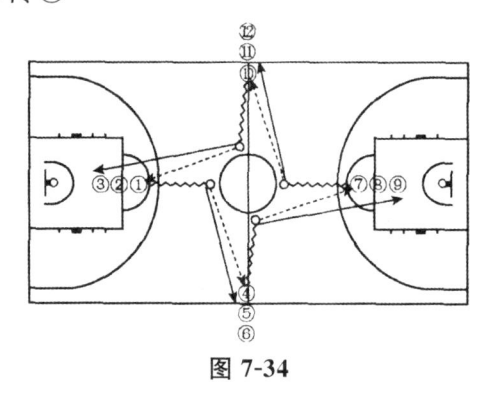

图 7-34

第五节 突破技术教学与训练方法创新设计

一、突破技术教学

突破技术是篮球运动比赛中，持球进攻队员摆脱防守的重要

技术之一,主要包括蹬跨、转体、推拍球、加速等技术环节,主要技术方法具体如下:

(一)原地交叉步突破

以右脚做中枢脚为例,突破前,两脚开立,屈膝,降低重心;突破时,左脚内侧蹬地,右转体,左肩下压,重心右移,将球引到身体右侧,右脚蹬地跨出,突破对方防守(图 7-35)。

图 7-35

(二)原地同侧步突破

以左脚为中枢脚为例。突破前动作同交叉步突破。突破时,右脚右前跨出,右转体,探右肩,重心右移,左脚蹬地并向右跨出,换右手运球,突破对方防守(图 7-36)。

图 7-36

(三)行进间突破

行进过程中,接同伴的球,继续快速移动。突破时,准确分析与防守队员的位置关系,屈膝,降低重心,根据与对方的位置选择用交叉步或者同侧步突破,突破后迅速攻向篮下投篮,或与同伴配合进一步组织进攻。

(四)转身突破

1. 前转身突破

以左脚为中枢脚为例,突破时,右脚用力蹬地,以左脚为轴前转身,右脚跨出,左转体,左肩下压;左脚蹬地跨出;右手向右前推按球,突破防守。

2. 后转身突破

以左脚为中枢脚为例,屈膝,降低重心,突破时,以左脚为轴,右脚右移,后转身,右肩下压,右手向右推按球,左脚迅速蹬地跨出,换手运球,突破防守。

二、突破技术训练方法创新设计

(一)原地突破训练

(1)徒手模仿突破技术训练,体会脚步动作。
(2)原地结合球做各种脚步的突破技术训练。
(3)两人一球,做交叉步突破练习,一人防守,一人突破。
(4)两人一球,在篮下做突破上篮练习。

(二)行进间突破训练

1.移动接球急停后撤步接后转身突破

训练方法:如图 7-37 所示,①在移动中接的传球面对篮急停。❶防守抢球,①前脚后撤步(图 7-38),以后脚为轴,转身突破上篮。

图 7-37　　　　　　　　　　图 7-38

2.移动中背对篮接球后撤步转身突破

训练方法:如图 7-39 所示,内线队员人手一球站在内中锋位置。①传球给上插至外中锋位置,背对篮接的回传球,后撤步转身突破上篮。

3.背对篮后撤步转身运球突破

训练方法:如图 7-40 所示,①背对篮持球,后撤步,转身,用同侧手运球突破上篮。

图 7-39　　　　　　　图 7-40

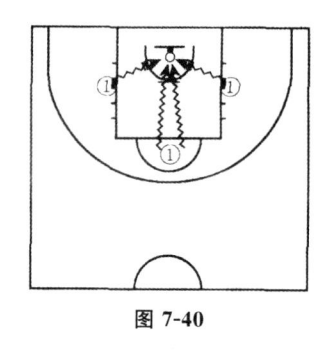

第六节　投篮技术教学与训练方法创新设计

一、投篮技术教学

(一)持球

良好的持球能使运动员的投篮更加准确,有助于提高投篮率。常见持球技术方法有以下两种:

1. 单手持球

持球手五指自然分开,手心空出,手腕后仰,大、小拇指托球的后下方,自然垂肘,另一手扶球的侧上部(图 7-41)。

图 7-41

2.双手持球

两手手指自然分开,拇指相对,双手呈八字形,用指根托球,手心空出,自然屈肘(图 7-42)。

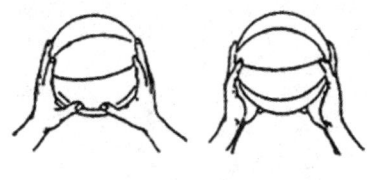

图 7-42

(二)原地投篮

1.原地单手投篮

以右手投篮为例,两脚开立,屈肘,手腕后仰,五指分开托球,左手扶球侧面,上体微后仰,目视篮筐;投篮时,双脚蹬地,腰腹伸展,抬肘、伸臂、屈腕,手指将球拨弹投出(图 7-43)。

图 7-43

2.原地双手胸前投篮

双手胸前持球,前脚掌着地,屈膝,上体稍前倾,目视篮筐;投篮时,屈肘,双脚蹬地,身体伸展,前上伸臂,手腕稍有外翻,两拇指用力推送球。

(三)行进间投篮

以右手投篮为例,常见行进间投篮技术方法具体分析如下:

1. 行进间单手肩上高手投篮

接球后或带球积极移动至篮下,上体稍后仰,屈右膝,左脚蹬地起跳,双手向前上方举球,展右臂,手腕后仰,手指用力将球推拨投出(图7-44)。

图 7-44

2. 行进间单脚起跳单手低手投篮

接球后,左脚迈步制动,同时用力起跳,身体伸展,右臂伸直,手心向上举球,挑腕,以中间三指为主将球拨进篮筐。

3. 行进间勾手投篮

接球或停止运球后,左脚向投篮方向跨出并起跳,右腿上提,左手离球,左肩防守队员,右手前伸举球;举球至头上方时挥前臂,屈腕、压指,将球推拨投入篮筐。

(四)跳投

跳投,即跳起投篮,可在不同距离和角度情况下运用。

1. 原地跳起单手肩上投篮

双手胸腹之间持球,屈膝,目视篮筐;脚掌蹬地起跳,提腹、展腰、向上摆臂举球;至头上时,右手举球,左手扶球,在身体腾空的最高点,屈腕、压指,用突发性力量将球投入篮筐(图7-45)。

图 7-45

2. 运球急停跳起投篮

快速运球过程中,跳步或跨步急停后,突然蹬地起跳,两手托球上举,在腾空的最高点,伸臂、屈腕,手指用力将球拨出,通过指端投送入篮筐。

3. 接球急停跳起投篮

在移动中接球,急停后,突然起跳,两手持球上举,在腾空的最高点,伸臂、屈腕,食中指拨球,通过指端将球投送入篮筐。

(五)扣篮

1. 原地双脚起跳双手扣篮

双手持球,双脚用力蹬地跳起,举球,展体,在高点及与篮圈呈最佳入射角时,屈臂,突发性屈腕、压指,将球扣入篮圈。

2. 行进间扣篮

(1)行进间单脚起跳单手扣篮

以右手为例,接球,右脚跨出,左脚制动并用力蹬起跳,展体,伸展手臂举球,在高点及有适宜的入射角时,用突发性向下屈腕和压指动作,将球自上而下扣入篮圈。

(2)行进间单脚起跳双手扣篮

跨步接球,向篮圈方向跨出,同时蹬地起跳,展体,伸展双臂举球,在高点及有适宜的入射角时,用突发性动作挥动双手,屈腕、压指,将球自上而下扣入篮圈。

(六)补篮

投篮不中时,可再次起跳将球重新扣入篮筐。

1. 单手补篮

以右手为例,当球反弹回来时,迅速及时蹬地起跳,展体、伸臂,迅速用右手的腕、指力量触球,并用托球、点拨球、扣篮的方法将球投入篮圈。

2. 双手补篮

起跳后,如果球反弹方向在头的正上方,应用双手将球托举、点拨、扣入篮筐。

二、投篮技术训练方法创新设计

(一)原地投篮技术训练

(1)原地徒手模仿投篮技术动作。
(2)原地模仿跳投。
(3)原地正面定点投篮。
(4)自抛自接球后急停跳投。
(5)运球急停单手肩上跳投。

(二)行进间投篮技术训练

1. 两点移动投篮

训练方法:如图7-46、图7-47所示,两人一组一球,一人投篮,一人传球,在中、远不同距离进行投篮,连续投篮一定次数后,两人交换继续练习。

2. 两底角或两侧45°角移动投篮

训练方法:如图7-48、图7-49所示,两人一组一球,②在罚球线附近持球,①在两底角处移动接②的传球投篮,并冲抢篮板球,再传球给②。投篮一定次数后,两人交换继续练习。

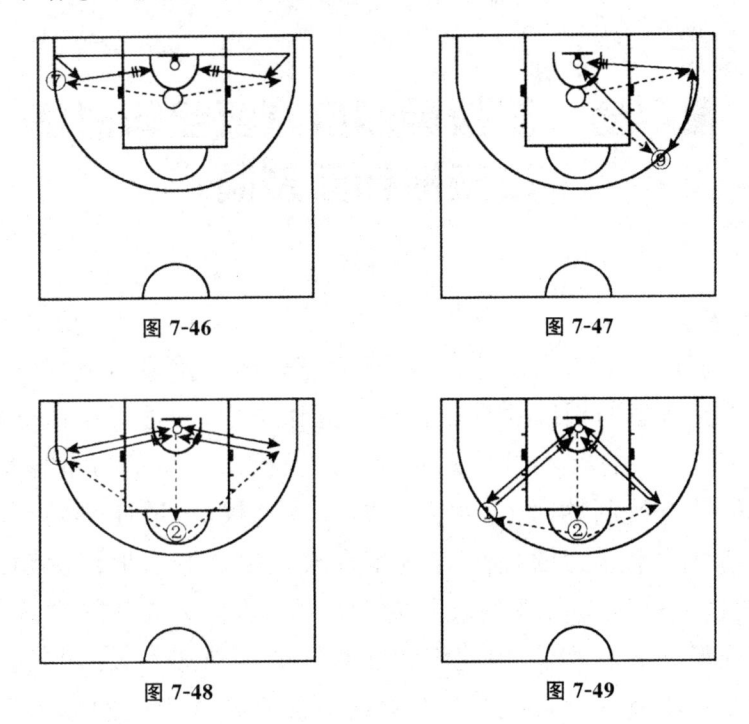

图 7-46

图 7-47

图 7-48

图 7-49

3.底线连续移动投篮

训练方法:如图 7-50 所示,四人一组两球,一人投篮,一人捡球,两人传球。①在底线接②的传球后投篮,并快速移动到另一侧底线接③的球投篮。投篮一定次数后,四人轮换位置继续练习。

图 7-50

第八章 篮球运动战术教学与训练体系的创新发展

在篮球教学与训练体系中,作为篮球运动重要组成部分的篮球战术是教学与训练的重点。在篮球比赛中,合理运用篮球战术有利于充分发挥运动员个人的特长以及团队整体的力量与实力,进而能够有效制约对方,掌握比赛的主动权,争取比赛胜利。学生的篮球战术能力的提高离不开篮球教学与篮球训练活动的开展,而且在教学与训练中采用创新性的、具有实效性的学练方法能够取得良好的效果,因此应加强对篮球运动战术教学与训练方法创新的研究,采用科学的、新颖的方法来指导学生的战术学练。本章在阐述篮球运动战术教学与训练基本理论的基础上,详细解析了篮球基础配合战术、快攻与防快攻战术、进攻半场人盯人防守与半场人盯人防守、进攻区域联防与区域联防等战术的创新性学练方法。

第一节 篮球运动战术教学与训练概述

一、篮球战术概述

(一)篮球战术的概念

篮球战术是篮球队员在比赛中有意识、有组织、有策略地协

第八章 篮球运动战术教学与训练体系的创新发展

同运用技术进行攻守对抗的布阵行动,是在一定的战术指导思想和战术意识支配下的集体攻守方法。篮球比赛中,不管是采用进攻战术,还是防守战术,都应该建立在合理运用篮球技术的基础上。

(二)篮球战术的基本特征

在现代篮球比赛竞争日趋激烈,运动员需在高速度、高强度的环境中采取对抗策略,而且必须具备超强的体能,在这一背景下,篮球战术也呈现出了新的特征,不管是数量上,还是质量上,都有了新的变化。

现代篮球战术的基本特征主要体现在以下几方面:

1.进攻与防守的统一

在现代篮球比赛中,进攻与防守是贯穿于整个比赛过程中的一对矛盾,而且从运动员的战术行动中直接体现出来。进攻与防守这对矛盾双方在篮球战术中是共同存在的,即防守战术中含有进攻意识,进攻战术中含有防守因素,每一个战术都是兼具攻防性质的,这就形成了丰富多样的篮球战术。例如,在全场紧逼盯人防守中,局部夹击配合的防守战术会导致攻方出现失误,这就是攻击因素在防守中的体现;而在进攻战术基础配合中,运动员随时都在准备争抢前场篮板球,同时注意后卫队员的及时后撤,这样就使得攻与守这对矛盾处于相对平衡的状态。

2.原则性和机动性

篮球比赛中随处可见制约和反制约、限制和反限制的情景,而且运动员不管采取什么样的战术行动,都是在这些情境下实施的。所以,一方面,篮球运动员必须事先确立一个统一的指导思想,并在这个思想的指导下协调配合行动,这样集体的优势力量才能发挥出来;另一方面,因为篮球比赛形势错综复杂,变化莫测,所以,每个运动员都要具备灵活的随机应变的意识与能力,但总体上来说必须遵循统一的原则和要求,在此基础上发挥个人的能动性,这样才能很好地把握好战机,赢得比赛的胜利。

3.个体性和整体性的统一

一般来说,篮球战术往往是以集体行动呈现出来的,但具体来说,赛场上每位篮球运动员的战术行动,一方面是其个体的具有个性化的活动,运动员的个性及其技术能力往往就是从其个体行动中反映出来的;另一方面,任何一名运动员的活动都不是孤立进行的,而是在同伴的协作配合下实施的。要想充分实现篮球战术的效果,仅仅依靠运动员的个人活动是不够的,即使其个人活动具有很强的创造性与实效性,也无法取得良好的整体战术效果,而只有依靠队员之间的协同配合才能将战术行动的价值充分体现出来,实现预期的战术目标。因此,篮球战术都是在个体活动中呈现整体协同特征的,这也反映了篮球战术个体性和整体性相统一的特征。

篮球战术个体性与整体性的特征要求在篮球比赛中将整体与个体之间的辩证关系妥善处理好,而且在日常的篮球教学与训练中,不仅要培养队员个人的技战术能力,还要注意集体力量的优化与提高。篮球明星的作用在现代篮球比赛中日益突出,也体现了个体性与整体性相统一的特征。

4.多样性和综合性

篮球进攻与防守战术的方法与手段是丰富多样的,而且在运用的过程中也比较灵活,多是综合采用两种或两种以上的战术来达到攻防目的。

现代篮球战术随着篮球比赛激烈化程度的提高而不断更新与发展,具体体现在内容更加丰富,形式更加灵活。篮球运动员只有对多样化的战术形式与方法加以掌握,并能够进行灵活性、综合性的运用,才能在比赛中完成战术任务,面对各种各样的临场情况时才能应对自如,才能更好地去争取比赛的主动权。篮球比赛中篮球战术的综合运用主要体现在以下两个方面:

第一,篮球战术行动上的统一,即进攻与防守的统一。

第二,采用一种篮球进攻战术应对多种篮球防守战术;利用混合防守、综合防守的形式应对不同形式的篮球进攻战术。

综上可知,现代篮球战术行动具有多样性和综合性相统一的特征。

(三)篮球战术体系的结构

以篮球运动的对抗性特点为依据,可以将篮球战术分为三个大的系统,一是进攻系统,二是防守系统,三是攻守转换系统。再以参与篮球战术行动的区域与人数为依据,进攻系统与防守系统中分别又有三个层次的行动,即个人行动、配合行动和整体行动,完整的篮球战术系统网络就是由这些战术行动构成的。

按照战术的性质,参与战术行动的区域与人数以及战术的作用,可以将复杂多样的战术划分为几种不同的类型,而且不同的战术类型又都有自己明确的隶属关系,将这些关系加以网络化,可以帮助我们更加直观地了解篮球战术体系的结构,如图 8-1 所示。

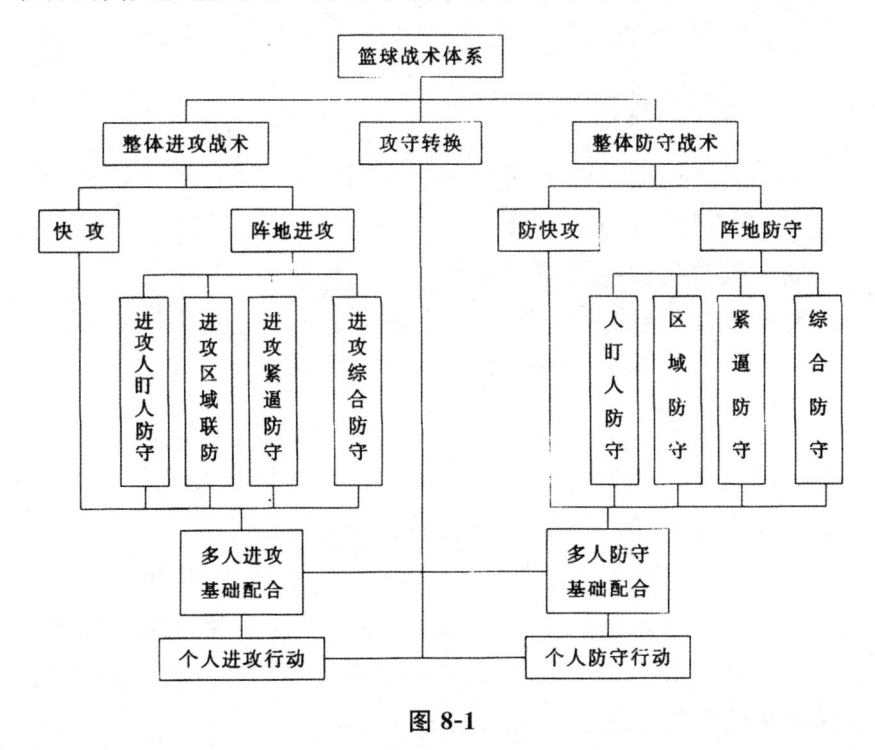

图 8-1

二、篮球战术教学与训练的基础知识

(一)篮球战术教学与训练的概念

篮球战术教学与训练指的是教师、教练员组织与指导学生(或运动员)学习和练习篮球攻守战术,从而使其全面掌握篮球战术,促进其战术配合能力上不断提高的过程。

(二)篮球战术教学与训练的目的

在篮球教学与训练过程中,战术的教学与训练是一个非常重要的环节,对这一内容进行教学与训练主要是为比赛做战术准备。使学生或运动员能够在篮球比赛中有效地运用篮球战术,从而取得主动权,赢得胜利是篮球战术教学训练的主要目的。

(三)篮球战术教学与训练的任务

对学生或运动员的专门素质和意识进行培养,使其对篮球战术知识、方法加以掌握,提高其在实践中运用篮球战术的能力是篮球战术教学与训练的主要任务。

具体来说,篮球战术教学与训练的任务表现在以下几方面:

1. 丰富学生或运动员的篮球理论知识与技战术知识

在篮球战术教学中,向学生传授篮球战术配合的知识与技能是从三个层次来着手的:一是个人战术行动;二是配合战术行动;三是整体战术行动。学生学习篮球战术不仅要对个人行动进行熟练掌握,还要对相关的理论知识进行学习,通过双面的交叉来掌握配合行动以及整体行动的方法。同时,战术配合是以技术为基础的,所以,战术配合能力的提高也有利于学生或运动员个人技术水平的充分发挥。

2. 提高学生或运动员的协作配合能力

运动员只有在移动过程中完成多种运动技能(跳、投、组织进攻等），才能真正实现战术配合，队员之间的相互配合需要以同伴的位置与行动时机为依据来采取行动，只有综合考虑这些要素才能达到预期的战术目标。战术配合行动的完成离不开队员之间的相互沟通与联系。通过组织战术配合的教学与练习，能够使队员的合作能力大大提高。

3.使学生掌握篮球战术知识和方法

教师或教练员组织篮球战术学练活动，不仅是为了使学生或运动员对篮球战术的方法加以掌握，同时也是为了使学生或运动员对篮球战术的理论知识有一个全面的了解与深刻的把握。只有在充分结合理论和实践的基础上，才能顺利完成篮球战术教学与训练任务。任何一支球队要想在比赛中争取主动权，获得胜利，都必须对一定数量的攻守战术方法加以掌握，同时在质量上要达到一定的要求。

4.强化学生的篮球战术意识，提高学生的战术运用能力

战术意识是运动员在战术活动中形成心理反应的高级形式，是人脑对战术活动的应答与反应，也是运动员在不同的赛场情况下产生的相应思维与反应，并表现在具体的行动中。运动员只有不断参加篮球运动实践，逐渐积累经验，丰富认识，才能更加深入地理解战术运用规律，进而在篮球比赛中自觉能动地对场上的攻守情况进行观察与判断，然后做出正确的应对。

5.提高学生在实践中运用篮球技术的能力

篮球技术是篮球战术的基础，也是篮球比赛的基本手段和核心，运动员只有对规范准确的技术动作有了充分的掌握，并能够熟练运用，而且可以随机应变，才能实现战术企图和目标。本质上来说，篮球战术配合方法就是对篮球技术的合理组织与运用，不管采用何种战术，不管战术如何简单，都必须通过技术才能实现。不断创新与完善新技术，提高运动员技术运用能力，才能为战术的发展与完善提供坚实的保障。

(四)篮球战术教学与训练的基本要求

教师或教练员在组织篮球战术教学与训练的过程中,需遵循以下几点要求,这也是全体队员都必须遵守的。

(1)在科学的战术思想的指导下采取行动,训练目标必须明确。

(2)使运动员对所要训练的战术理论方法真正加以了解与掌握;教学与训练活动的组织需形象直观,能够启发队员的思维,促进队员训练的自觉性和积极性的提高。

(3)全体队员需统一思想、保持一致的行动,相互帮助与协作,提高集体战斗力。

(4)在教学与训练中既要强调攻守并重,又要在不同的阶段和时期有所侧重,促进队员攻守能力的全面提高。

(5)坚持理论与实践相结合的教学与训练原则,在传授战术方法的同时,也要传授基本战术知识,同时还要培养队员的战术意识与思维,使其能够在自己判断的基础上合理采取有效的战术行动。

(6)重点对攻守方法进行教学与训练时,必须坚持不懈,并配合其他相应的战术方法一起训练。

(7)在训练过程中,要将战术训练、技术训练、身心素质训练、智力训练等各方面的篮球竞技能力要素结合起来,这样才能整体上提高运动员的作战能力。

三、篮球不同战术行动教学与训练的方法

使全体队员对篮球战术知识与方法加以掌握,并能够在比赛中熟练运用战术,这是篮球战术教学与训练的主要任务。篮球战术内容丰富,方法多样,而且较为复杂,因此在篮球战术教学与训练中应注意循序渐进,系统地开展教学训练工作。总的来说,需注意以下几方面的内容:

第八章 篮球运动战术教学与训练体系的创新发展

第一,引导学生或运动员建立正确的篮球战术概念,使其对篮球战术方法加以掌握。一般在刚开始进行篮球战术教学时,采用分解与完整相结合的方法来指导学生。首先使学生建立完整的正确的表象;其次对篮球局部战术配合方法进行传授;最后对全队战术方法进行传授,使学生循序渐进地掌握篮球战术方法。

第二,使学生对篮球攻守转换的技巧加以掌握,并能够综合运用篮球战术。一般在学生至少掌握了两种全队攻守战术方法后,才结合比赛组织战术组合练习,在实践中提高学生的攻守转换能力和战术运用能力。

第三,结合比赛组织篮球战术练习,促进学生或运动员应变能力的提高。在开始比赛前,教师或教练员需先对指导思想进行明确,将基本打法确立好,再针对战术提一些基本的要求。在比赛过程中,教师或教练员认真指导队员的技战术行动,比赛后对成功的经验进行总结,分析造成失败的因素,提出改进策略。

(一)个人战术行动教学与训练

1. 个人战术行动的原则

(1)树立全局战术观和全局意识。

(2)及时准确地判断赛场形势。

(3)在分析判断的基础上果断作出决策,采用合理的战术行动。

2. 个人战术行动的训练内容和方法

单纯进行个人战术行动的教学与训练,效果不明显,而且效率也比较低,因此要结合多人配合战术、整体战术来进行教学与训练,在集体与整体背景下提高队员的作战能力和协作能力。战术行动离不开对技术的运用,所以,个人采取战术行动的过程也就是发挥个人技术水平和提高个人技术竞技能力的过程。

篮球战术教学与训练的过程从某种程度上而言,就是培养和提高个人战术行动能力的过程。多人配合战术行动和整体战术行动中都不同程度地融合了个人战术行动的内容,这从技术的运用中就能够体现出来。总的来说,针对个人战术行动进行教学与训练时,需对一般运动教学训练的规律和原则加以遵循,注重对队员战术意识的培养,促进其战术运用的灵活性的提高。

(二)基础配合战术行动教学与训练

1.基础战术配合行动的层次

篮球基础战术配合行动是战术形式操作层次和心理层次的协调机制,这两个层次相互联系,缺一不可。如果队员之间只是将注意力集中在操作层次的协调上,而没有建立心理和感情方面的联系,是难以在复杂多变的比赛中灵活应对的。

2.基础战术配合教学训练的要求

突出重点、由易到难、循序渐进是篮球战术基础配合教学与训练的基本原则。在具体的教学与训练过程中,要使队员对战术配合的意义有一个清晰的认识,注重对个人技术能力和多人之间的协作能力进行培养,在训练中要对多人之间的配合观念、配合时机、配合位置、配合方法进行重点强调。当学生或运动员对基本战术配合方法有所掌握后,要及时结合实战来进行训练,以促进其实战能力的增强,并为整体战术行动的学习与训练奠定基础。

(三)整体战术行动教学与训练

1.整体战术行动组织过程

一般来说,开始组织、配合攻击、结束转换是一个完整战术行动的三个基本阶段。这三个阶段是一个非常复杂的思维过程,队员需树立对抗观念、全局观念、时空观念和协同观念等才能在各个阶段中应对自如。

2.整体战术行动的快攻

在进攻过程中,要想先发制人,往往需要采取快攻这一有效的武器,而快攻的效果是否能够得到预期效果,主要看快速决策是否正确,移动是否快速,配合是否得当。

3. 整体战术行动中的防守

在整体战术行动中,单纯防守比较少见,攻击性防守较为普遍,防守的基本原则是以防人为主、人球兼顾。防守的重点对象是进攻中的人,所以,防守队员不管在什么位置上,都要时刻观察进攻队员的动态,在观察与判断的基础上采取相应的行动来进行防守,而且注意在强侧和弱侧所采用的防守方法是不同的。

4. 整体战术行动的教学训练提示

在选用篮球整体战术行动的教学与训练方法时,必须对一般教学训练的原则加以遵循,先使学生或运动员在消极对抗的条件下对整体战术阵势、配合路线与方法加以熟悉,再在积极防守的条件下促进学生或运动员战术运用能力的提高。

第二节　基础配合战术教学与训练方法创新设计

一、进攻战术基础配合教学与训练方法设计

(一)二人传切配合

1. 练习目的

(1)对两人传切配合的方法加以掌握,促进传切配合意识与能力的提高。

(2)通过传切配合创造良好的投篮机会。

(3)为之后全队战术的运用奠定良好的基础。

2. 练习方法

(1)如图 8-2 所示,每组两人一球进行练习,①成功上篮后排在②组队尾,队员②完成抢篮板球后排在①组队尾,如此反复

练习。

(2)将全体队员分成两个大组,第一大组是后卫和前锋组,第二大组是中锋组,每组两人一球进行练习。每次练习后两人交换位置重复练习。

前锋与后卫队员的传切配合练习如图 8-2 和图 8-3 所示;前锋与同侧内中锋的传切配合练习如图 8-4 所示;内、外中锋的传切配合练习如图 8-5 所示。

图 8-2

图 8-3　　　　　　图 8-4　　　　　　图 8-5

(二)交叉空切

1.练习目的

(1)对交叉切入配合的方法加以掌握,促进配合意识和默契度的提高。

(2)通过交叉空切配合创造良好的篮下投篮机会。

(3)为之后全队战术的运用奠定良好的基础。

2.练习方法

如图 8-6 所示,全队 3 人一组,每组一球进行练习(图中均为两名前锋和一名后卫的配合），前锋队员①通过后卫队员②将球传给前锋队员③，③接球时，①以尽可能快的速度空切，②紧随①交叉切入，③向①或②传球上篮，①、②抢篮板球后排到队尾，如此反复进行练习。

图 8-7 为后卫队员②接球后，两名前锋队员①、③交叉切入接球上篮的练习示意图。

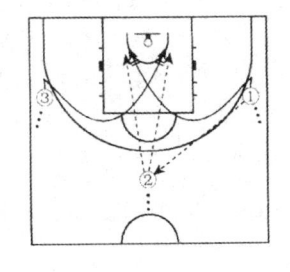

图 8-6

图 8-7

(三)三人两球传切配合

1. 练习目的

(1)对横切、纵切的方法加以掌握。
(2)促进队员观察能力和配合能力的提高。
(3)加强训练密度。

2. 练习方法

如图 8-8 所示，队员①和②各持一球，①向③传球后摆脱纵切将②的传球接住并上篮，②传球后摆脱横切将③的传球接住并上篮，①、②上篮后自抢篮板球，然后互相交换位置排到队尾，③先固定传球，其他队员分成两个组，每组队员各持一球排在①和②位置上进行练习，然后轮换练习。

在练习的初始阶段，可以不加防守，待熟练一段时间后再进行防守配合练习。

图 8-8

(四)侧掩护运球突破上篮

1.练习目的

(1)对侧掩护方法加以掌握,把握配合时机,促进配合意识与能力的提高。

(2)通过侧掩护创造良好的突破机会。

2.练习方法

如图 8-9 和图 8-10 所示,队员①持球,△防守。队员②为①做侧掩护,①以最快的速度突破上篮,②转身冲抢篮板球,①②互换位置重复练习。

一般先从右侧开始练习,然后从左侧进行练习。

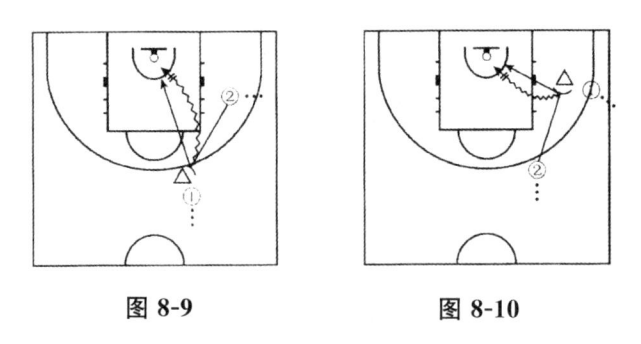

图 8-9　　　　图 8-10

(五)运球给无球队员做侧掩护的配合

1.练习目的

(1)对运球给无球队员做掩护的配合方法进行掌握,促进配合意识和技术的提高。

第八章　篮球运动战术教学与训练体系的创新发展

（2）通过侧掩护为无球队员摆脱接球创造良好的机会。

2.练习方法

如图 8-11 和图 8-12 所示，每组两人，队员②运球给①做侧掩护，并向①传球，①接球后以最快的速度突破上篮，此时②转身下顺或冲抢篮板球。两名队员互换位置进行练习，先在右侧练习，然后在左侧练习。

在练习过程中，可以先安排一名防守队员对无球队员进行防守，逐渐增加两名防守队员来进行防守。

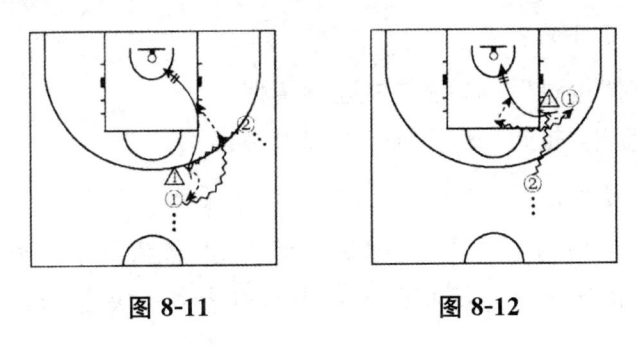

图 8-11　　　　　　图 8-12

二、防守战术基础配合教学与训练方法设计

（一）运用抢过防掩护配合

1.练习目的

（1）对"抢过"配合的方法进行掌握。
（2）促进"抢过"意识和技术能力的提高。

2.练习方法

如图 8-13 所示，进攻队员①给②传球后，掩护队员③，⚠ 迅速从③和①中间挤过对③进行防守。②给③传球。③给①传球后掩护②，防守②的 ⚠ 从②和③中间快速挤过继续对②进行防守。

进行几轮练习后，互换攻守角色继续练习。

图 8-13

(二)运用抢过防运球掩护配合

1. 练习目的

(1)对"抢过"配合的方法进行掌握。

(2)促进"抢过"意识和技术能力的提高。

2. 练习方法

如图 8-14 所示,4 人一球进行练习,4 名队员两攻两守,进攻队员①一边运球一边掩护②,△从①和②中间快速"挤过"对②进行防守。

进行几轮练习后,互换攻守角色继续练习。

图 8-14

(三)运用换防破坏内中锋与前锋掩护配合

1. 练习目的

(1)前锋队员和中锋队员对换防方法进行掌握,以此将内中锋与前锋的掩护配合计划打破。

(2)促进换防意识与技巧的提高。

2.练习方法

如图 8-15 所示,每组 4 人,两攻两守,固定传球队员③持球,右侧前锋队员①溜底线,内中锋队员②对①进行定位掩护,①外拉做好接球准备,对②进行防守的△立即绕出换防,对①进行防守,而△近身紧紧防守②,阻止其接球。

防守方防守成功后,攻守角色互换继续练习。

图 8-15

(四)运用绕过破坏掩护

1.练习目的

对绕过破坏掩护的配合方法进行掌握,促进绕过防守技术和默契度的提高。

2.练习方法

如图 8-16 所示,每组 4 人,两攻两守,进攻队员①给固定传球队员③传球后掩护②,②向中间移动准备接③的传球,△在抢过失败的情况下从①和△身后绕过继续对②进行防守。

防守的一方防守成功后,攻、守方交换角色继续练习。

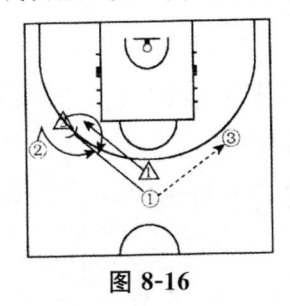

图 8-16

(五)防内中锋向另一侧内中锋位置移动策应

1. 练习目的

对防策应配合的方法进行掌握,促进防策应配合能力的提高。

2. 练习方法

防内中锋向另一侧内中锋位置移动策应的联系方法如图 8-17 所示,因为中锋移动距离比较短,攻守方之间的对抗十分激烈,因此防守时需对身体力量进行合理的运用,力争对有利的位置进行抢夺。

图 8-17

(六)防后卫与外中锋策应交叉空切配合

1. 练习目的

对换人破坏后卫队员交叉空切的方法进行掌握,促进配合意识与技巧的提高。

2. 练习方法

如图 8-18 所示,后卫队员①向外中锋策应队员③传球后交叉空切,负责对①、②进行防守△、△稍微向后撤,以此来阻止对手突然空切,同时也是为了及时换防。换人后△、△在近球侧跟防移动。

外线队员每组 4 人一球进行练习,两攻两守,防守方成功防守后,攻守双方角色交换重复练习。

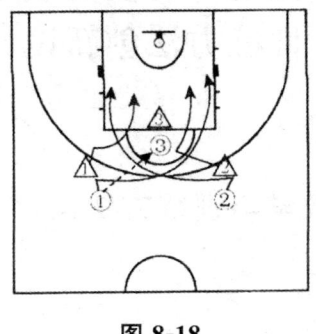

图 8-18

(七)全场夹击配合

1. 练习目的

(1)对全场夹击配合方法进行掌握,促进队员夹击配合意识和技术能力的提高。

(2)打好基础,以便之后更好地采用区域紧逼防守和全场紧逼防守战术。

2. 练习方法

如图 8-19 所示,进攻队员①向前场运球,△迫使①走边路,并使其在中场边角停球。这时△及时迎上防守,与△形成夹击。

经过几轮练习后,攻守互换角色进行练习。

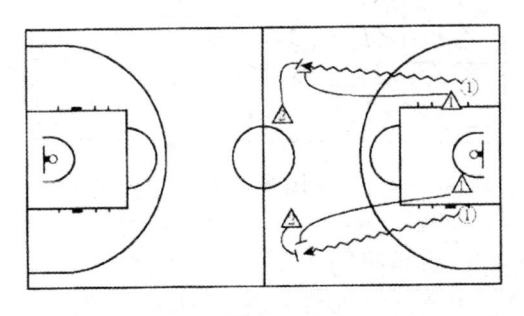

图 8-19

第三节　快攻与防快攻战术教学与训练方法创新设计

一、快攻战术教学与训练方法设计

(一)抢断球长传快攻

1.练习目的

(1)促进队员断球后长传快攻反击意识的增强。

(2)促进队员断球后长传球技术及接长传球技术能力的提高。

2.练习方法

如图 8-20 所示,进攻队员①给②传球,负责防守②的队员△快速断球,△及时起动接△的长传球并迅速上篮。②传球后跟进补篮或抢篮板球,之后△、△排队尾。

攻守双方互换角色进行练习。

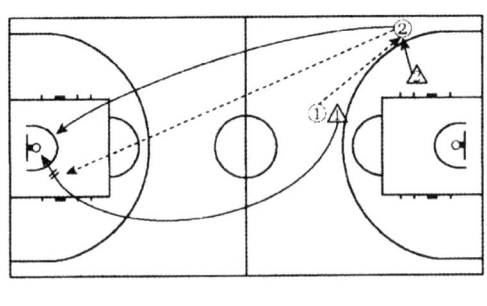

图 8-20

(二)快攻的发动与接应

1.练习目的

(1)对队员得球后快攻反击意识进行培养。

第八章　篮球运动战术教学与训练体系的创新发展

(2)促进队员快速接应一传的意识和配合技术的提高。

(3)提高队员的反应速度。

2.练习方法

如图 8-21 所示,①、②、③三名队员在罚球圈外防守滑步移动,教练员⊗在罚球圈内放一个球,让其中一名队员进圈拿球,进圈拿球的队员行动后,其他两名队员就近快速起动拉边跑,持球者向一侧做一传,接球队员快速向中路运球,一传后,从接球队员身后绕过沿边路快下,另一名接应队员可向任一侧快下的队员传球并上篮。然后三名队员抢篮板球排队尾。

后面的队员按照同样的方法重复练习。

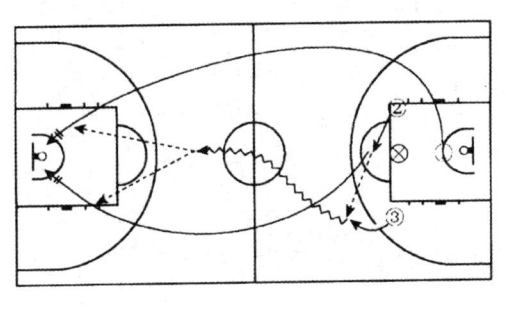

图 8-21

(三)三人三传推进上篮

1.练习目的

(1)对三路三传快攻推进的方法进行掌握。

(2)促进队员快速传球推进速度和上篮技术的提高。

2.练习方法

如图 8-22 所示,三人一组进行练习,队员①向插中接应的②传球后,从②身后绕过沿边路快下。②接球后给③传球,③接球后给①传球,①上篮跑到另一侧,②跟进补篮或抢篮板球,③穿过限制区跑到另一侧,然后三人进行返程练习。

返程练习如图 8-23 所示,②给③传球后,从③身后绕过沿边路快下,③给①传球后,①传给②并上篮,三人抢篮板球后排到队尾。后面的组按照同样的方法进行练习。

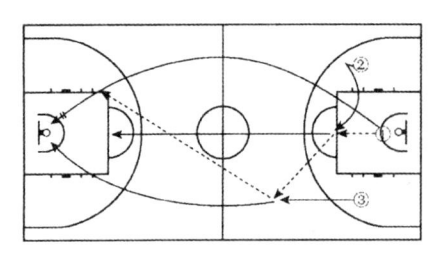

图 8-22

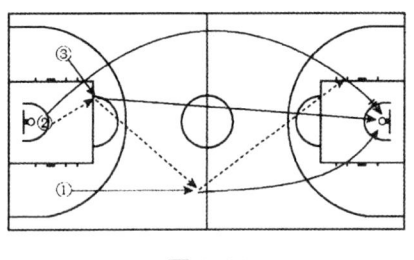

图 8-23

二、防快攻战术教学与训练方法设计

(一)半场三对三封堵一传接应

1. 练习目的

(1)对封堵一传和卡位封堵接应的技巧进行掌握。
(2)提高队员的防守意识,强化其防守能力。

2. 练习方法

如图 8-24 所示,6 人一组,三攻三守,队员⊗上抛篮板球,①抢到球后准备向②和③传球,△立即迎上对①进行封堵防守,阻止其一传,△和△分别对②和③进行卡位封堵,阻止其接球。

第一组封堵完后排到队尾,下一组按照相同的方法继续练习。

第八章 篮球运动战术教学与训练体系的创新发展

图 8-24

(二)卡位封堵接应队员

1. 练习目的

(1)对卡位封堵接应的方法进行掌握。

(2)促进队员防守意识和能力的提高。

2. 练习方法

如图 8-25 所示，3 人一组共用 1 球进行练习，②抢到篮板球后，①拉边接应，△由攻转守，对①进行卡位封堵，阻止其接球。

图 8-26 为△对①的插中接应进行卡位封堵。

攻守角色交换重复进行练习。

图 8-25　　　图 8-26

(三)堵防运球推进

1. 练习目的

(1)对堵防运球推进的方法进行掌握。

(2)促进队员堵防推进意识和能力的提高。

2.练习方法

如图 8-27 所示,两人一组共用 1 球进行练习,进攻队员①拉边接球后运球推进,⚠积极对①进行堵防,使其向边路运球。

进攻队员①插中接球后从中路运球推进,⚠积极对①进行堵防(图 8-28)。

攻守角色交换重复进行练习。

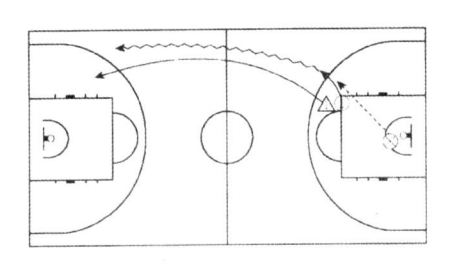

图 8-27

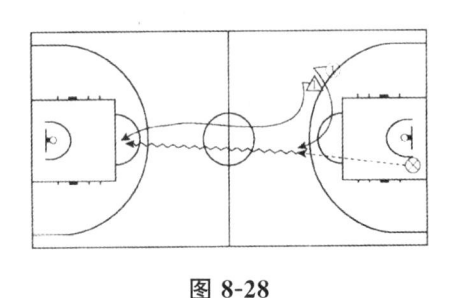

图 8-28

第四节　进攻半场及半场人盯人防守教学与训练方法创新设计

一、进攻半场人盯人防守战术教学与训练方法设计

下面以单中锋 2-3 落位进攻法为例,来详细解析进攻半场人盯人防守战术的教学与训练方法。

(一)空切进攻法

1.练习目的

(1)提高队员通过空切寻找良好攻击机会的能力。

(2)培养队员结合中、远投破坏对方防守的战术意识。

2.练习方法

如图8-29所示,后卫队员②给前锋队员③传球后,空切篮下,③接球后再传给②投篮。如图8-30所示,如果②错过接球机会就移动到左侧,③继续给后卫队员①传球,④迅速空切篮下,①接球后再给④传球,使其投篮。

如图8-31所示,如果后卫队员②错过了给③传球的机会,则向右侧移动,中锋队员⑤上插外中锋位,这时④在左侧摆脱接球,①可给⑤或④传球。如果是⑤接球后投篮,②、④冲抢篮板球,后卫①和前锋③保持攻守的平衡状态。

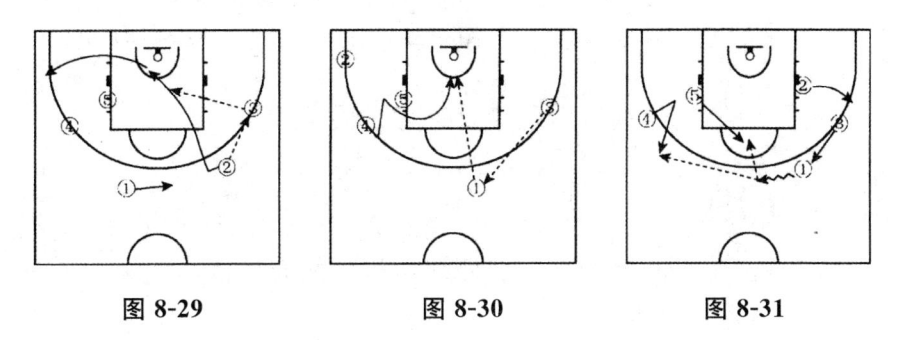

图8-29　　　　图8-30　　　　图8-31

(二)连续空切进攻法

1.练习目的

(1)提高前锋队员和后卫队员通过连续空切寻找良好攻击机会的能力。

(2)提高队员的空切技术水平和灵活性。

2.练习方法

如图8-32所示,后卫队员②给③传球后空切,③接球后回传给②,②接球投篮。

如图 8-33 所示,如果②没有接球机会,向右侧内中锋位置移动,③给外线队员①传球,②掩护①,①接球后从底线空切篮下并传球给②,②接球投篮,如果③没有机会,则从右底线向左前锋位置迂回,左侧内中锋⑤掩护④,④从上线空切到篮下,接①传来的球并迅速投篮。

如图 8-34 所示,如果④没有找到空切的机会,则向右前锋位置迂回,②上提形成 2-3 落位,然后按上述方法重新开始进行连续空切练习。

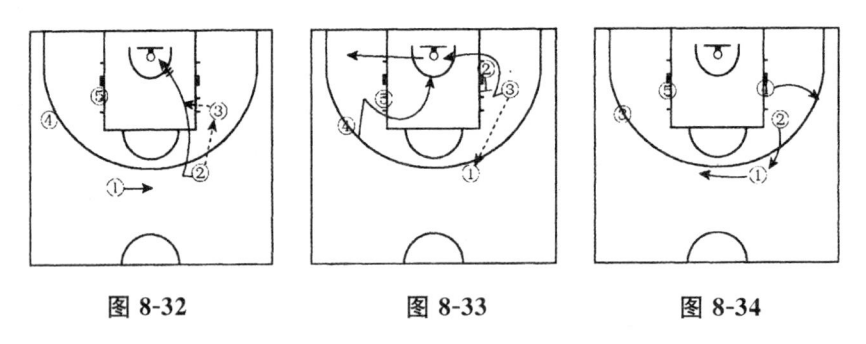

图 8-32　　　　图 8-33　　　　图 8-34

(三)外线运球掩护结合中锋插中策应进攻法

1. 练习目的

(1)提高内外线队员、左右侧队员进攻配合的能力。
(2)引导队员有层次地进行进攻。

2. 练习方法

如图 8-35 所示,②一边运球一边掩护③,并给③传球,③接球后找准时机跳投或突破上篮,或将球传给左侧内中锋队员⑤,⑤迅速上插外中锋位置接③传来的球,与③策应配合。⑤接球后如果找不到机会与③配合,则转身跳投或突破上篮,然后将球传给左侧队员④,④可迅速空切篮下接球。

图 8-35

二、半场人盯人防守战术教学与训练方法设计

(一)半场三防三的协防练习

1. 练习目的

(1)对以球为主,"球—人—区"兼顾的防守方法进行掌握,并能够熟练运用。

(2)对协防时的选位技巧进行掌握,促进协防能力的提高。

2. 练习方法

如图 8-36 所示,①、②、③为进攻队员,防守队员△1、△2防后卫队员,△3防前锋队员。当②持球时,△2平步紧逼②,△1、△3协助防守。△1主要是对①进行防守,△3主要是保护篮下,对③进行防守。

如图 8-37 所示,①持球时,△1平步紧逼①,△2、△3协助防守,二者分别对②、③进行防守,避免其掩护配合。

如图 8-38 所示,③持球时,△3平步紧逼防守,△1、△2协助防守,二者分别对①、②进行防守,避免其掩护配合。

图 8-36　　　　　图 8-37　　　　　图 8-38

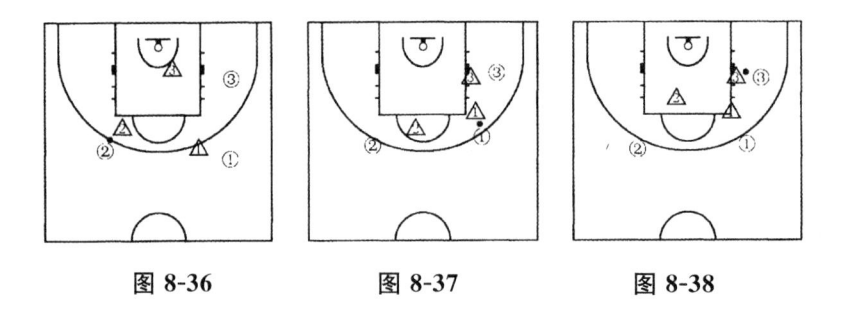

(二)半场四防四的协防练习

1. 练习目的

(1)使队员对以球为主,"球—人—区"兼顾的防守方法进行进一步的掌握和熟练运用。

(2)促进队员选位和协防水平的提高。

(3)通过这一练习为全场人盯人防守战术的使用奠定坚实的基础,做好充分的准备。

2. 练习方法

①、②、③、④为进攻队员,其中①、②是后卫,③、④是前锋,四名队员分别由防守队员△1、△2、△3、△4防守。

如图 8-39 所示,当②持球时,△2紧逼防守,△1、△4协助△2,分别对①、④进行防守,△3负责保护篮下,防止③横切和掩护配合。

如图 8-40 所示,当③持球时,△3紧逼防守③,△1协助△3,并对①进行防守,防止其接球、纵切以及打掩护配合。△2、△4主要负责保护篮下,防守②和④,防止其打掩护配合。

如图 8-41 所示,当④持球时,△4紧逼防守④,△2协助△4,并对②进行防守,避免其接球和打掩护配合,△1、△3主要负责保护篮下,对①、③进行防守,避免其打掩护配合。

当进攻队员互传球时,防守队员快速移动,选择合理的位置进行紧逼防守和协助防守。

| 图 8-39 | 图 8-40 | 图 8-41 |

(三)半场五对五人盯人防守的练习

1.练习目的

(1)使队员在实战中对半场人盯人防守的方法进行掌握。

(2)促进队员个人和全队防守能力的提高。

2.练习方法

半场五对五防守练习中,安排 5 名进攻队员,5 名防守队员,7~8米是防区的大致范围,防守队员在遵循防守原则的基础上采取有效的防守方法连续进行 3~5 次的防守,然后交换攻守角色继续进行练习,看哪一方防守成功的次数多。具体方法可参照半场三防三和半场四防四练习。每位队员都要明确自己的任务和目标,合理选择站位,及时调整战术,相互之间做好配合。

第五节 进攻区域及区域联防教学与训练方法创新设计

一、进攻区域联防战术教学与训练方法设计

(一)进攻 2-1-2 区域联防

1.1-3-1 落位内、外双中锋空切进攻法

(1)练习目的

第一,使队员学会运用联防薄弱地区对良好的攻击机会进行

创造。

第二，促进内线队员篮下攻击能力的提高。

(2)练习方法

图 8-42、图 8-43、图 8-44 是 1-3-1 落位进攻、2-1-2 联防的队形。在图 8-43 中，后卫队员①给外中锋队员④传球，④转身与球篮相对，左侧内中锋队员⑤摆脱横切，④给⑤传球，⑤投篮。倘若⑤没有机会接球，④则给左侧前锋队员②传球，此时左侧内中锋位置已拉空，②回传球，④纵切接球投篮。

如图 8-44 所示，②给①回传球，①给④传球，④上插外中锋位置接球，然后给⑤传球，⑤横切接球上篮。如⑤没有接球的机会，④给右前锋队员③传球，③回传，④纵切接球投篮。②、④、⑤积极抢篮板球，①、③之间维持攻守平衡的状态。

图 8-42　　　　　图 8-43　　　　　图 8-44

2.1-2-2 内、外双中锋落位底线掩护进攻法

(1)练习目的

第一，使队员能够利用 2-1-2 联防队形防守的薄弱地区对篮下投篮的良好机会进行创造。

第二，提高队员连续性进攻的能力，提高中锋和前锋队员的灵活性。

(2)练习方法

1-2-2 落位进攻 2-1-2 联防的队形如图 8-45 所示。后卫队员①给左侧内中锋队员⑤传球，⑤在右前锋队员③的行进间掩护下溜底线，到达右侧前锋位置接球，接球后转身与球篮相对。

如图 8-46 所示，⑤持球与球篮相对时，可以给右前锋队员③

传球,在篮下一打一。如果⑤没有机会给③传球时,③迅速跑向左侧,拉空右侧篮下,⑤可以给中锋队员④传球,④突然纵切接球并投篮。

如图 8-47 所示,如果④没有接球的机会,⑤可以给①传球,此时③上插外中锋位置,①接球后视机会回传,或者给②传球。②接球后传给⑤,在④的掩护下,⑤向篮下左侧空当切入接球并投篮。

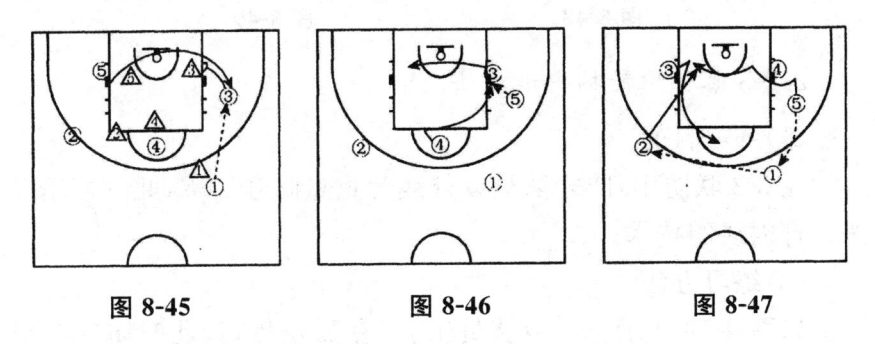

图 8-45　　　　　图 8-46　　　　　图 8-47

(二)进攻 3-2 联防

1. 1-3-1 落位穿插空切进攻法

(1)练习目的

使队员学会利用 3-2 联防队形防守的薄弱地区,通过穿插移动创造良好的投篮机会。

(2)练习方法

如图 8-48 所示,外中锋偏右侧落位,这样右侧在落位队形上形成了以多打少的阵式。队员③、④、⑤进攻,△、△防守,或者①、③、④、⑤进攻,△、△、△防守。如果△上提对④进行防守,那么△要对整个左侧进行防守,此时①给②传球,在左侧形成一打一的局面。

如图 8-49 所示,△、△共同对④进行防守,①给③传球,△对③进行防守,这时③给⑤传球,⑤回传球,③在④的掩护下向篮下切入并接球投篮。如果③没有接球的机会,则在④的掩护下移动到左侧,此时⑤传球给④,④向篮下切入接球并投篮。

图 8-48 　　　　　　图 8-49

2.2-3 落位中锋插中进攻法

(1)练习目的

在 3-2 联防中,防守队员以外线为重点防守区域,此时可培养队员打内线的技术。

(2)练习方法

如图 8-50 所示。后卫队员①、②在弧顶传球,此时防守队员重点是对外线队员进行封堵,因此可以吸引△、△迎上防守。这时内中锋队员⑤突然上插外中锋位置接球转身投篮,然后准备向④或③传球。如果底线的防守队员△或△补防,那么④或③可乘机迅速向篮下空切接球并投篮,③、④、⑤抢篮板球。

图 8-50

二、区域联防战术教学与训练方法设计

(一)对位联防练习

当进攻方采用的是 2-3 的双中锋落位时,防守方应采用相应的对位联防战术,即 2-3 落位的对位联防。

1. 练习目的

(1)对对位联防的防守方法进行掌握,并能够熟练运用。

(2)促进队员个人和全队整体防守能力的提高,促进队员防守配合能力的提高。

(3)突出本队的打法风格。

2. 练习方法

如图 8-51 所示,后卫队员①持球,前锋队员③从底线向有球侧横切时,△要紧逼防守。

如图 8-52 所示,当后卫队员②向有球侧斜插时,△也要紧逼防守到底线。

如图 8-53 所示,当后卫队员①和②互换进攻位置或在外线掩护时,△、△可换人。

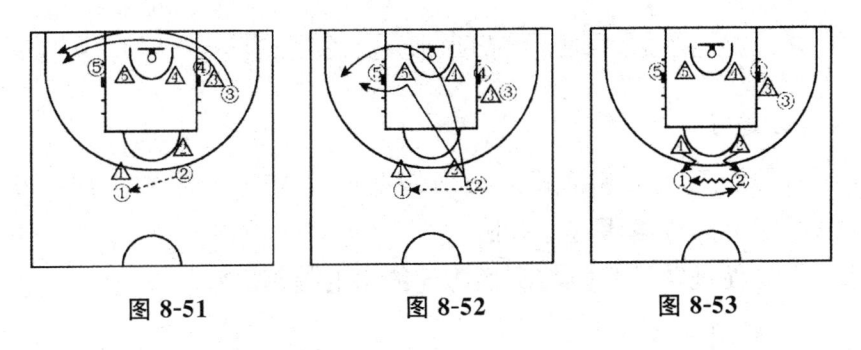

图 8-51　　　　图 8-52　　　　图 8-53

(二)防后卫队员斜插底角的练习

1. 练习目的

(1)使队员对防后卫队员斜插底角时跟防与换防的方法加以掌握,并能够熟练运用这一方法。

(2)促进队员防守意识和能力的提高。

2. 练习方法

如图 8-54 所示,△主要通过跟防来加强防守。当①给②传球并斜插向有球侧底角时,△随时跟防①,以免形成以多打少的局面。练习时,内中锋队员③和前锋队员②是固定进攻队员,△

和△₂是固定防守队员,其他队员两人一组共用1球,在后卫进行防斜插的跟防练习。

如图 8-55 所示,后卫队员①给③传球后,斜插向无球侧底角时,△₁应先跟防,然后在与△₂的防区交界处交给△₂来防守,△₁则加强对△₂原来防区的防守,即重点防守②。

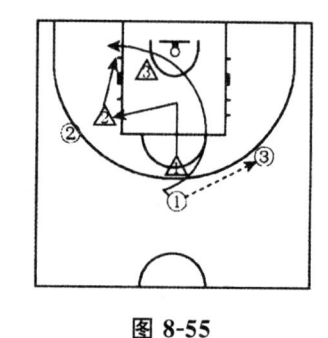

图 8-54　　　　　　　　图 8-55

(三)后卫与前锋防守时的跟防与交换练习

1. 练习目的

(1)后卫队员和前锋队员对跟防与交换防守的方法加以掌握,并能够熟练运用这一方法。

(2)促进队员跟防与交换防守能力的提高。

2. 练习方法

如图 8-56 所示,固定传球队员②持球,①移动到底角,③移动到上线,这时△₁、△₃分别跟防①和③,在防区的交界处,△₁、△₃迅速交换防守,即由△₁防守③,△₃防守①。

图 8-56

参考文献

[1]刘军.篮球运动理论与训练[M].北京:中国农业大学出版社,2014.

[2]王峰.现代篮球运动的理论研究[M].北京:人民日报出版社,2014.

[3]孙民治.篮球运动教程[M].北京:人民体育出版社,2007.

[4]吴立坤.上海市高校篮球教学现状及构建和谐高校篮球运动对策的研究[D].华东师范大学,2007.

[5]邹玉铎.哈尔滨市青少年篮球训练现状与发展对策研究[D].广西师范学院,2012.

[6]何兴权.重庆市学校篮球运动现状及影响因素研究[D].北京体育大学,2005.

[7]高荻.大课程背景下高校篮球教学新理念的研究[D].山东师范大学,2012.

[8]刘坚.多样化反馈教学模式在高校篮球教学中的应用研究[D].中南大学,2012.

[9]鲍伟.我校"课内外一体化"篮球俱乐部教学模式的构建与应用研究[D].哈尔滨工程大学,2010.

[10]王小安,张培峰.现代篮球运动教程[M].北京:北京体育大学出版社,2016.

[11]胡英清,余一兵,吴涛.现代篮球运动科学训练探索[M].北京:中国书籍出版社,2016.

[12]刘晖.现代篮球运动教学与训练研究[M].中国原子能

出版社,2016.

[13]苗向军.高水平竞技篮球运动负荷研究[M].北京:北京体育大学出版社,2015.

[14]程冬美.中国篮球运动训练理念研究[D].北京体育大学,2007.

[15]刘青松.高校篮球运动教程[M].北京:中国水利水电出版社,2015.

[16]李炎焱.篮球运动理论与技巧[M].长春:吉林人民出版社,2015.

[17]马肇国,范朋琦,顾信文.高校篮球运动训练研究[M].北京:现代教育出版社,2015.

[18]王峰.篮球运动规律与技术原理分析[M].北京:科学出版社,2015.

[19]于平.篮球运动[M].合肥:合肥工业大学出版社,2014.

[20]黄滨,翁荔.篮球运动[M].杭州:浙江大学出版社,2014.

[21]刘卫东.篮球运动的制胜规律[M].北京:北京体育大学出版社,2014.

[22]杨改生.中国篮球运动发展研究[M].郑州:河南大学出版社,2014.

[23]唐建倦.现代篮球运动教程理论方法实践[M].广州:华南理工大学出版社,2014.

[24]芦军志,宋君毅,董利民.篮球运动实用教程[M].北京:北京体育大学出版社,2014.

[25]于振峰.现代篮球技术学练设计[M].北京:高等教育出版社,2013.

[26]刘振廷.运动技能理论下篮球技能学习认知评价体系构建[D].东北师范大学,2013.

[27]王晓明,张京杭.对不同水平篮球运动员认知方式的比较研究[J].体育科技文献通报,2010(05).